キャバリア

ちょっと甘えん坊な表情がかわいいみんなの
人気者のチャールズ。ジョイントを使ってい
るので頭が動いて、表情豊かなのが魅力的。
作り方を詳しくご紹介しているので、あみぐ
るみの基本はチャールズにお任せ。

How to make >> *P.38*

トイ・プードル

手鏡が離せないちょっとおませな女の子をイメージして作りました。今日も頭のふわふわが気になるの、ですって。
大きな黒目や別に編んだ足の裏でトイ・プードルらしさを表現しました。起毛させる楽しみも。

How to make >> *P.48*

Louise

二毛猫

今日も真っ白なくつ下がご自慢のソックス。今年の冬はノルディックな編み込みの靴下を履きたいなぁ。タキシードを着たようなお腹と背中のなわ編みがクラシックでおしゃれ。基本的な猫の形です。

How to make ≫ *P.51*

Ça va

サバ猫

二毛猫のソックスと私のヒゲは本物の猫のヒゲ。ピンと
していて素敵でしょ。私の名前、サヴァは鯖ではなく
フランス語なのよ。
ヒョウ（P.28）と同じ座った猫の形です。編み図に好き
な模様を書き込んで自分好みの猫を作っても楽しそう。
How to make ≫ *P.54*

ハリネズミ

ハリネズミっていつもはあまり動かないん
だけれど、実は走ると早いんだ。背中の
針の模様もカッコいいでしょ。
お腹の模様は本物のハリネズミを観察し
て考えたもの。リアルな大きさからもハリ
ネズミらしさを存分に味わえます。
How to make >> P.56

Harry

Pinky

ぶ た

ほがらかで世話好きなピンキー。思わず抱
きしめたくなるかわいさです。
親しみやすさは作りやすさにも！ シンプル
な形と編み地なので、まずはピンキーから
どうぞ。モヘアと2本どりにすることで、
ぶたのふわふわっとした毛を表しました。
How to make ≫ *P.58*

13

ひつじ

ペタッとしてみたり、すくっと立ってみたり、お腹に足のダーツを縫うかはご自由にどうぞ。マリーも頭が動くジョイントタイプ。編み目の増減で作り出したポコポコの編み地がかわいい。生まれたてのような雰囲気の子ひつじです。

How to make >> *P.60*

うさぎ

名前のベアトリクスはもちろんベアトリクス・ポター
に敬意を表して。私もいつか彼女みたいにお話が
書けるように創作ノートは持ってるの。
うさぎらしさはたっぷり綿を詰めた頬やピンと立っ
た耳がポイント。つけ方を変えれば垂れた耳にも。
How to make >> P.63

Beatrix

Brownie

クマ

クマと言っても僕はテディベアのように部屋の中で暮らしています。愛読書はイギリス文学。「ロミオ&ジュリエット」を暗唱できるように勉強中。
ビギナーにも編みやすい1目かのこ編みのテディベア。ダーツを縫わずにペタッとさせてもかわいい。

How to make >> P.66

ゴマフアザラシ

シロクマのアイザックと僕は口元のグレー
のぼかしがポイント。できあがってから
編み地を直接鉛筆でこするんだけれど、
こんな方法も楽しんでね。
シンプルな形だけれど、アザラシらしい
編み地が編み応え十分。わたの詰め方も
ポイントです。

How to make ≫ P.69

シロクマ

南極大陸は広いけれど毎年少しずつ小さくなってるんだ。どうしたらいいんだろう?と考えながら今日も旅を続けるアイザック。
シロクマらしい毛並みは編みやすい2目かのこ編み。茶色の糸で編めば森に住むクマにも。
How to make ≫ *P.72*

Isac

ペンギン

トコトコ歩き出しそうなウィリアムは
コウテイペンギンのヒナ。この本の中
で卵から生まれるのは僕だけ。仲間
に入るって楽しいな。
シンプルで編みやすい編み地。形の
面白さから、あみぐるみの組み立て
の楽しさを感じられます。

How to make ≫ *P.76*

しか

今日も軽やかにステップを踏む森のバレ
リーナのフラニー。おいしそうな木の実
を食べたいけれどバレリーナですもの、
ガマンガマン。
細い足や編み地の多さがちょっと上級者
向け。足にワイヤーを入れて立たせます。
How to make ≫ P.78

\ Frannie /

キツネ

キツネのイメージは良くないことが多いけれど、ダニ
エルはエレガントで優しい紳士です。なるべくみん
なを食べないようにしてるんだ、ですって。
英国の毛糸ならではのオレンジっぽい茶色の糸を使
いました。青い目との雰囲気が粋で大人っぽい。

How to make ≫ *P.80*

Daniel

ヤマネ

こんなに体は小さいけれどアリアが得意な
森のディーヴァなの。もちろん十八番はラ・
ボエームの「わたしの名はミミ」。
思わずポケットに入れて連れて歩きたくな
るかわいさです。

How to make ≫ *P.82*

Mimi

ろば

ぽさぽさなたてがみとしっぽがトレード
マークのベンジャミン。毎朝キレイにとか
してもらうけれど野原をかけまわっている
うちにこうなっちゃうんだ。
ろばが持つ素朴さがポイント。凝った地
模様が全体を引き締めています。

How to make >> *P.83*

Benjamin

アナグマ

おだやかで信頼が厚い田舎紳士の
Mr. バジャー。今日はボウラーハット
でおめかししてロンドンへ。
1枚の編み地の中にいろいろな模
様が入るので、棒針ならではの魅
力がたっぷり詰まっています。

How to make ≫ *P.86*

Mr. Badger

ヒョウ

サバンナでは知らない者はいないスプリンターの私。風のように走るのよ。編み込み模様がステキでしょ。
小さな耳やシッポの裏にまで模様が入るので編み込みの楽しさを存分に味わえます。

How to make ≫ P.88

Leona

ライオン

まだまだチビな僕だけれど、この立派な
たてがみに百獣の王の片鱗が見えるは
ず。そのうちアフリカの王様になるんだ。
えっへん。
たてがみのない女の子とペアで作っても
かわいい。

How to make ≫ *P.90*

Augustus

トラ

今にも飛びかかってきそうなジョージ。だってこわい顔をして見せないと後ろ姿でまだまだチビなのがわかっちゃうんだもの。
耳裏の模様にも注目。かわいいながらもリアルさは十分。

How to make >> P.93

George

スカンク

しっぽのカーブがチャーミングなシンディ
は香りに敏感なオシャレさん。今日も新し
い香りを求めてショッピングに出かけます。
しっぽに芯が入っているので、角度を自由
に変えて楽しめます。

How to make ≫ P.96

ナマケモノ

こうして動かないのはいつも考えご
とをしているから。実は思慮深い
思想家のウィンストン。今日のテー
マは地球温暖化についてです。
熱帯雨林で暮らすナマケモノ。雨
で流れ落ちやすい毛並みを引き上
げ模様で表現しました。

How to make ≫ P.99

Mikey

シロテナガザル

元気いっぱいに歌を唄いながら木から木へ渡り移るマイキーはジャングルの人気者。シンプルな形はブタのピンキーとともに作りやすさ No.1!
簡単だけれど顔の表情や指先のディテールにはこだわりが満載です。

How to make >> *P.102*

ゾウ

玉乗りに憧れて今日もストレッチを欠
かさないエドワード。表目と裏目で作
る模様を楽しみながら、するすると
編みあがるシンプルな形。足にたっ
ぷり入れたペレットで重量感もたっぷ
りのつぶらな瞳の子ゾウです。

How to make ≫ *P.104*

シマウマ

ピンと立ったたてがみが尖った印象だけれど
草原で草を食むやさしいエレナ。ちょっと複雑
なジグザグ模様も編み物の醍醐味です。
細い足や模様編みがちょっと大変だけれど、
ぜひ挑戦してみてください。

How to make ≫ *P.107*

Elena

作り方ページのきまりごと

- 記載されている分量や寸法は、実際の作品をもとにしています。作る方の力加減
  によって異なりますので、目安として参照してください。
- 糸のメーカーが記載されていないものは、ジェイミソンズのスピンドリフトです。
  色名（色番号）使用量の順で表記しています。糸の問い合わせ先は、P.112 を参
  照してください。
- 糸をつけて編みはじめる段を 1 段めとします。1 枚の編み地から編み地を分けて
  編み進める場合、左右で段数が異なる場合があります。
- 糸をつける段数によって、奇数段でも左から右に、偶数段でも右から左に編み進
  める場合がありますので、編み図の矢印の向きに注意して編んでください。

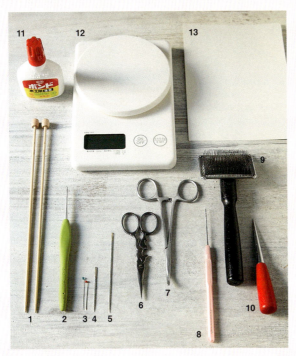

用具

作品づくりで使った用具を紹介します。必ず使うもの、あると便利なものを確認しましょう。

1. 棒針…本書の作品は全て3号棒針で編んでいます。すべりのよいものを使いましょう。

2. かぎ針…使うかぎ針は主に2/0号です。編み地をとじるときに使います。

3. まち針…編み地を合わせて仮止めするときや目の位置を決めるときに役立ちます。

4. 縫い針…編み地のダーツを縫うときや、刺しゅうするときに使います。毛糸を通すので、針穴が大きいものを選びましょう。

5. ぬいぐるみ針…針の刺し口から出し口までが長い場合に使います。

6. はさみ…糸を切るときやフェルトを切るときに使います。

7. ぬいぐるみ用かんし…編み地を表に返すときにあると便利です。

8. フェルティングニードル…ストレートステッチを編み地にとめると糸がずれにくくなります。

9. 起毛ブラシ…作品の表情をより豊かにしてくれます。ペット用のブラシでも。

10. 目打ち…細かい作業をするときにあると便利です。つま楊枝で代用できます。

11. 木工用ボンド…フェルトやひげなどを顔にとめるときや、補強するときに使います。

12. デジタルスケール…ペレットやわたを計量するときに使います。

13. 厚紙…ペレットをパーツに入れるときや、たてがみを作るときに使います。

※その他、フェルティングのときに洗濯板があると便利です(P.43参照)。

材料

棒針編みのやわらかい編み地に向いた材料です。糸の色や目など自由にアレンジして自分だけの作品づくりを楽しんでも。

1. 毛糸…作品のほとんどをジェイミソンズのスピンドリフトで編んでいます。縮毛加工をしていないので、フェルティングに最適です。刺しゅう糸としても使います。(シェットランドウール100%／1玉25g≒105m)

2. しつけ糸…編み地を合わせて仮止めするときに使いましょう。よりきれいに仕上がります。

3. 刺しゅう糸…DMCの5番刺しゅう糸を使っています。つやがあるので、作品のポイントになります。

4. ボタン付け糸(♯20)…目の位置をへこませたり、目を縫い付けるときに使います。その他、糸に力がかかる場面でも活躍します。

5. つぶわた…固くなりにくいので、やわらかい棒針編みの編み地に適しています。簡単にほぐれ、ダマになりにくいのでおすすめ。

6. ジョイント…頭とボディを別のパーツとして作る作品の場合に使用します。顔の向きを自由に変えられます。

7. カットフェルト…白目のほか、足の裏など作品にアクセントをつけるときや補強するときに使います。

8. 目…作品によってさまざまな種類、大きさのものを使っています。

9. ペレット…作品に適度な重量感と安定感を持たせてくれます。

10. キッチン用水切りネット…ペレットを入れて縛ってからボディに入れると、編み地の隙間からペレットがこぼれるのを防げます。

キャバリアの作り方

代表的な形をしたキャバリア（P.8）を作ってみましょう。作り方はどの作品もほぼ同じです。P.40から写真つきで解説しているので、分からなくなったらこのページで確認しましょう。

糸
ナチュラルホワイト（104）22g、オレンジ（478）11g、黒（999）少量

用具
3号棒針、2/0号かぎ針、ぬいぐるみ用針、縫い針

その他
つぶわた25g（ボディ15g、頭8g、耳2g）
ペレット70g（ボディ20g、足10g×4、耳5g×2）
プラスチックアイ10mm 2個
プラスチックジョイント30mm 1個
カットフェルト（白）
ボタン付け糸
キッチン用水切りネット

ゲージ 22目×32段

できあがり寸法 幅20.5×高さ10×奥行12cm

作り方

1. 糸は1本どりで11枚の編み地を作り、背中のダーツを縫い、スチームアイロンをかける。フェルトは切る。
2. 頭2枚を中表に合わせてA～Bを引き抜きとじにし、頭マチを中表に合わせてB～C、Dまでそれぞれとじる。背中の2枚を中表に合わせてジョイント口と返し口を残してE～Fをとじる。背中の表目側と腹の裏目側を合わせて周囲をとじる。耳も中表にして返し口を残してとじる。しっぽは中表の縦半分に折って返し口を残してとじ、ダーツを縫う。表に返す。
3. パーツをフェルティングし、フェルトはもみ洗いして乾かす。
4. 頭にわたを詰め、ジョイントをつけて返し口をとじる。目の位置をボタン付け糸でへこませてから目を縫い付け、白目のフェルトをはる。鼻と口を刺しゅうする。耳にペレットとわたを詰めて返し口を巻きかがりでとじてから頭に縫い付ける。
5. 足にペレットとわたを詰める。腹にわたを薄く入れてからネットに入れたペレットを入れ、わたを詰める。頭をボディに差し込んで固定し、返し口をコの字とじにする。しっぽを縫い付け、指定の位置を起毛させる。

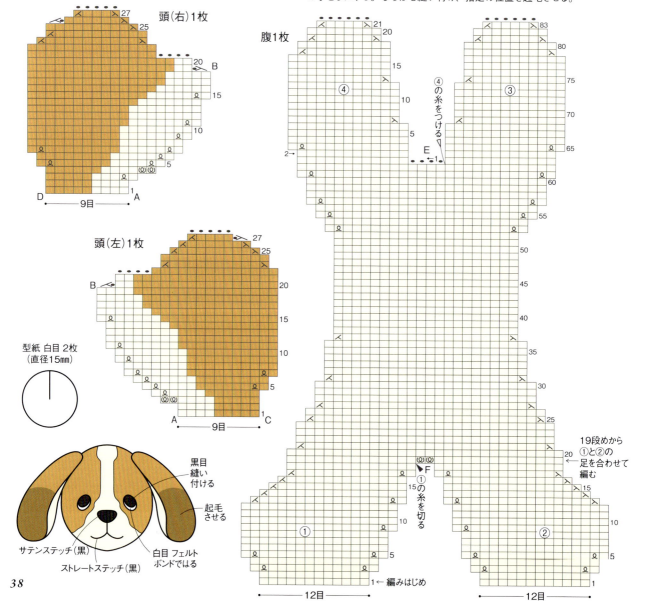

頭(右)1枚

頭(左)1枚

型紙 白目 2枚
（直径15mm）

腹1枚

④
④の糸をつける
①の糸を切る
19段めから①と②の足を合わせて編む
①の糸を切る
編みはじめ

黒目縫い付ける
起毛させる
白目 フェルトボンドではる
サテンステッチ（黒）
ストレートステッチ（黒）

38

外耳2枚

内耳2枚

しっぽ1枚

頭マチ1枚

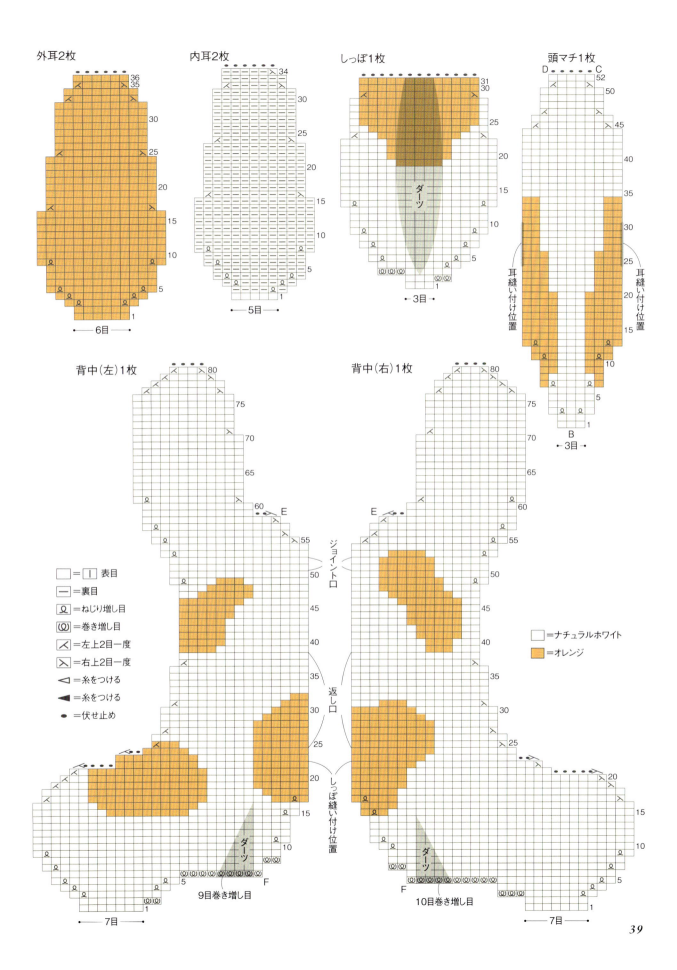

背中(左)1枚

背中(右)1枚

□ = Ⅰ 表目

― = 裏目

Ω = ねじり増し目

⍉ = 巻き増し目

ʎ = 左上2目一度

⅄ = 右上2目一度

◁ = 糸をつける

◀ = 糸をつける

● = 伏せ止め

□ = ナチュラルホワイト

□ = オレンジ

1 編み地を編む

パーツとなる編み地を編みます。ゲージと合うように気を付けながら編み進めましょう。
また、端の目はゆるみやすいので、きつめに編みましょう。

▶ 腹の編み方

1

編みはじめの①の足を18段めまで編み、糸は切っておきます。

2
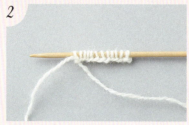
もう1本の棒針で②の足の作り目を作ります。
※編み地を合わせる段が偶数段の場合は編み地がのっている針で作り目をします。

3

①の足の編み地を棒針の端に寄せ、②の足を編み進めていきます。

4

②の足の18段めまで編み終わりました。棒針には①、②それぞれの編み地がのっています。

5

②の足の19段め、14目めまで編み、巻き増し目を2目編みます。そのまま①の足の19段めを編み進めます。①の足と②の足がつながりました。

6

そのまま62段めまで編みます。63段めの12目めまで編み進めたら、左針に16目のせたまま編み地をかえし、③の足の64段めを編みます。

7

そのまま③の足を完成させ、糸を切ります。

8

左針に④の足になる糸をつけ、伏せ目4目を編み、残りの12目を編みます。そのまま④の足を21段編みます。

9

腹の編み地ができました。

▶ ダーツの縫い方

1
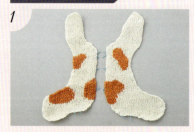
背中の2枚の編み地にダーツ、返し口、ジョイント口にしつけ糸をつけて印をつけます。

2

ダーツのはじまり部分にまち針で印をつけ、編み地と同じ色の糸を通した縫い針でかえし縫いをします（ここではわかりやすいように糸の色をかえました）。

3

すべての編み地を編み終えたら、裏からスチームアイロンをあてて編み地を整えます。

2 編み地をとじる

編み地をとじて袋状にします。それぞれの模様が合うように、編み地を合わせましょう。
まち針で仮止めしてからしつけ糸でとじ、かぎ針できつめに引き抜きとじすると、よりきれいに仕上がります。

頭をとじる ▶

1
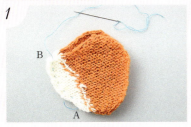
頭の編み地2枚を中表に合わせ、のど元（A）から鼻先（B）までしつけ糸でとじます。

2

鼻先に頭マチの編み地を中表に合わせ、頭の後ろ（C）までまち針で仮どめします。

3

しつけ糸で仮止めします。

4

反対側も同様に頭の後ろ（D）まで仮止めします。

5

かぎ針で引き抜きとじをします。編み地の配色に合わせて糸の色を変えると表に返したときに目立ちにくくなります。

6

反対側も同様に引き抜きとじをし、編み地が合わさりました。

7

しつけ糸を外します。

8

表に返します。

耳をとじる ▶

1

外耳と内耳を中表に合わせて返し口を残し、しつけ糸でとじます。

2

かぎ針で引き抜きとじにします。

3

もう片方の耳も同様に引き抜きとじにし、表に返します。

1

中表の縦半分に折り、ダーツを残してしつけ糸
でとじます。

2

編み地の外側はかぎ針で引き抜きとじにしま
す。編み地の内側は縫い針で返し縫いをする
と、表に返したときに編み地のごわつきを抑え
られます。

3

表に返します。細長い編み地の場合は、ぬいぐ
るみ用かんしを使いましょう。

1

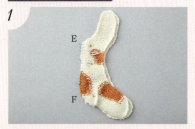

背中の編み地2枚を中表に合わせ、まち針で仮
止めします。

2

ジョイント口と返し口を残して、E〜Fを引き抜
きとじにします。

3

すべてのしつけ糸を外します。背中の編み地が
つながりました。
※ジョイントを使わない作品の場合は側面や
頭マチとつなげます。

4

できあがった背中の編み地の表目側と腹の編
み地の裏目側を合わせ、まち針で仮止めしてか
ら周囲をしつけ糸でとじます。

5

引き抜きとじをし、しつけ糸を外します。

6

表に返します。

7

すべての編み地が袋状になり、5つのパーツが
できあがりました。

3 パーツをフェルティングする

編み地をフェルト化する（フェルティング）ことでペレットがこぼれにくくなります。
足先や耳先などペレットを入れる箇所は十分、フェルティングしてください。
また、耳など左右対称になるものは同じ大きさになるように気を付けましょう。

1

少量の熱湯に食器用洗剤を3、4滴入れ、泡だて器でよく泡立てます（熱いので、下ばき手袋をしてからゴム手袋をしましょう）。

2

全てのパーツを入れ、溶液を吸収させます。

3

編み地が溶液を十分、吸収したら熱湯を足します。

4

洗濯板や手のひらを使って、編み地をこすります。お湯がぬるくなったら、その都度熱湯を足しましょう。

5

下記を参照して編み地がフェルト状になったら、お湯を捨て、冷水ですすぎます。

6

軽く絞り、タオルではさんで水分をとってから自然乾燥させます。

7

全てのパーツがフェルティングされました。カットフェルトを使う場合は、パーツと同様にもみ洗いしましょう。

フェルティングの目安 ＞

フェルティング前の状態。

糸の繊維がからまり、糸どうしがなじんだらお湯から引き上げましょう。

乾くと色味が明るくなります。

洗濯機を使って
乾かす場合

自然乾燥させる時間がない場合は洗濯機で水分を取りましょう。パーツを洗濯ネットに入れ、4分脱水します。一旦取り出し、パーツを裏にかえして再び4分脱水します。

頭をつくる

作品の表情を決める大事なステップです。アレンジして、ぜひ好みの表情を作ってください。

頭にわたを詰める

1

わたを少量とり、頭に詰めます。

2

鼻先から順に詰め、頭の形を整えながら詰めます。

3

頭のわたを全て詰めました。

ジョイントをつける

1

返し口にジョイントのディスクを入れます。

2

返し口の周囲をボタン付け糸を通した縫い針でぐし縫いにします。

3

返し口のまわりを1周しました。

4

糸を引いて返し口をとじます。

5

ジョイントが抜けないように、ジョイントの周囲をランダムに針を刺してとめます。

6

頭にジョイントがつきました。

表情をつくる

1

まち針で目の位置を決めます。左右対称になるように、水平に針を通しておくと位置が決めやすくなります。

2

ぬいぐるみ用針にボタン付け糸を通し、ジョイント近くから刺します。まち針位置に出し、再び刺してジョイント近くから出します。
※ジョイントを使わない作品の場合はノド元から刺してください。

3

糸を引いて、目の位置をくぼませます。反対側も同様にくぼませます。

4

同様にジョイントのディスク付近から針を刺し、まち針位置から出して目を縫い付けます。

5

白目のフェルトに切れ込みを入れ、黒目にあてて左右に割って黒目の下に入れます。目打ちでさらに押し込み、形を整えます。

6

目打ちの先に少量のボンドをつけて白目を編み地にとめます。

7

ぬい針に指定の糸を通し、鼻を刺しゅうします。はじめに鼻の大きさを決めるために横に3本ステッチを入れます。

8

縦中央に1本刺し、7のステッチが隠れるように、中央から左右にそれぞれ縦のサテンステッチをします。

9

鼻の下に縦のストレートステッチを1本刺し、口端から出します。縦のストレートステッチに針を通して反対側に口のラインを入れます。針は鼻の頭に出して糸をカットします。

10

フェルティングニードルでストレートステッチを編み地に刺しとめます。

11

厚紙を筒状に巻き、耳の返し口に差し込んでペレットを入れます。

12

ペレットをふさぐようにわたを詰めます。

13

返し口を巻きかがりでとじます。もう片方の耳も同様に作ります。

14

耳を縫い付けます。

15

頭ができあがりました。

5 組み立てて仕上げる

頭とボディをつなげてしっぽを取り付けます。
ここでは多めにわたをつめましたが、くたっとさせたい場合はわたの量を少なめにして調節しましょう。

1
厚紙を筒状に巻き、足先に差し込んでペレットを入れます。

2
ペレットをふさぐようにわたを詰めます。

3
同様にすべての足にペレットとわたを詰めます。

4
キッチン用水切りネットに腹用のペレットを入れ、余裕をもたせて結び、余分なネットをカットします。

5
ボディの腹に薄くわたを入れ、4のペレットを入れます。

6
残りのわたを詰めます。おしりは多めに詰めて立体的に仕上げましょう。

7
ボディのジョイント口に頭を差し込み、内側からワッシャー、ストッパーの順にはめます。

8
縫い針に毛糸を通し、返し口をコの字とじにします。

9
模様に合わせてとじる糸の色を変えるときれいに仕上がります。

10
しっぽを縫い付けます。

11
起毛ブラシで耳の先を起毛させます。

12
キャバリアができあがりました。

POINT LESSON

糸の替え方

1

糸を替える1目手前まで編み、裏側で地色の糸（白）に配色の糸（茶）をかけます。

2

地色で1目編むと配色の糸が編み地にとまります。

3

配色の糸に持ち替えて編みます。

4

そのまま編み進めます。地色から配色に変える場面で、この方法を用いると編み地に穴があきません。

たてがみの作り方

1

厚紙に指定の糸で指定の回数を巻きます。このとき、糸が重ならないようにしましょう。

2

かぎ針で2、3本ずつとり、糸が抜けないようにきつめに引き抜き編みをします。

3

厚紙から外して指定の場所に縫い付け、ループ状になった糸をカットします。

シマウマのたてがみは、本体に縫い付けてから根本の糸にボンドをまんべんなく塗り、ダブルクリップではさんで形を整えます。

シマウマ、ロバのしっぽの作り方 （ここではわかりやすいように糸をかえました）

1

指定の糸で三つ編みを作り、止め結びをします。縫い針に指定の糸を2本通し、三つ編みの最後の目に刺して糸を通します。

2

指定の本数を通したら止め結びのすぐ下を糸で巻いて結びます。余った糸は針に通し、房の内側に刺し通します。

3

糸のよりをほどきます。

4

はさみを縦に入れて形を整えます。

白目の向きを変えて好みの表情を見つけましょう

上目にすると掲載作品の顔。

片側によせて興味津々の顔に。

より目にしてこちらをみつめている表情に。

黒目だけにしてマスコットのように。

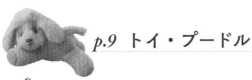

p.9 トイ・プードル

糸
アプリコット（861）40g、黒（999）少量、
〔長谷川商店〕SEIKA（極細モヘア）クリーム（3）11g

用具
3号棒針、2/0号かぎ針、ぬいぐるみ用針、縫い針

その他
つぶわた32g（ボディ16g、頭10g、耳2g×2、おでこ2g）
ペレット70g（ボディ20g、足10g×4、耳5g×2）
プラスチックアイ12mm 2個
プラスチックジョイント30mm 1個
カットフェルト（白）
5番刺しゅう糸・茶（838）
ボタン付け糸
キッチン用水切りネット

ゲージ
模様編み26目×38段　メリヤス編み26目×36段

できあがり寸法
幅21×高さ10.5×奥行16cm

作り方
1. 糸は指定の糸、本数で15枚の編み地を作り、背中のダーツを縫い、スチームアイロンをかける。フェルトは切る。
2. 頭2枚を中表に合わせてA〜Bを引き抜きとじにし、頭マチを中表に合わせてB〜C、Dまでそれぞれとじる。背中の2枚を中表に合わせてジョイント口と返し口を残してE〜Fをとじ、腹と中表に合わせて周囲をとじる。頭中央＋外耳と内耳は中表に合わせてG（I）〜耳の先〜H（J）をとじる。しっぽも同様にとじる。表に返す。
3. パーツをフェルティングし、フェルトはもみ洗いして乾かす。
4. 頭にわたを詰め、ジョイントを入れて返し口をとじる。ネットに入れたペレットを耳に入れ、返し口をすくいとじにする。頭中央＋外耳のG〜Iをすくいとじで頭に付け、後ろからわたを詰めてH〜Jをすくいとじでとじる。目の位置をボタン付け糸でへこませてから目を縫い付け、白目のフェルトをはる。鼻と口を刺しゅうする。
5. 足にネットに入れたペレットとわたを詰める。腹にわたを薄く入れてからネットに入れたペレットを入れ、わたを詰める。頭をボディに差し込んで固定し、返し口をコの字とじにする。足裏の編み地を巻きかがりで付ける。しっぽを縫い付け、指定の位置を起毛させる。

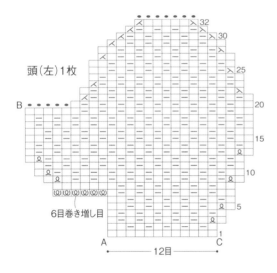

頭（左）1枚

6目巻き増し目

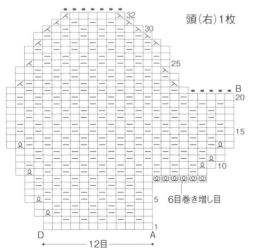

頭（右）1枚

6目巻き増し目

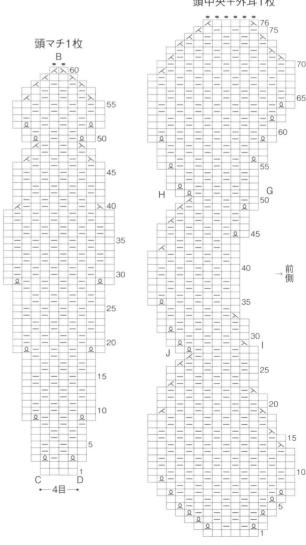

頭マチ1枚

頭中央＋外耳1枚

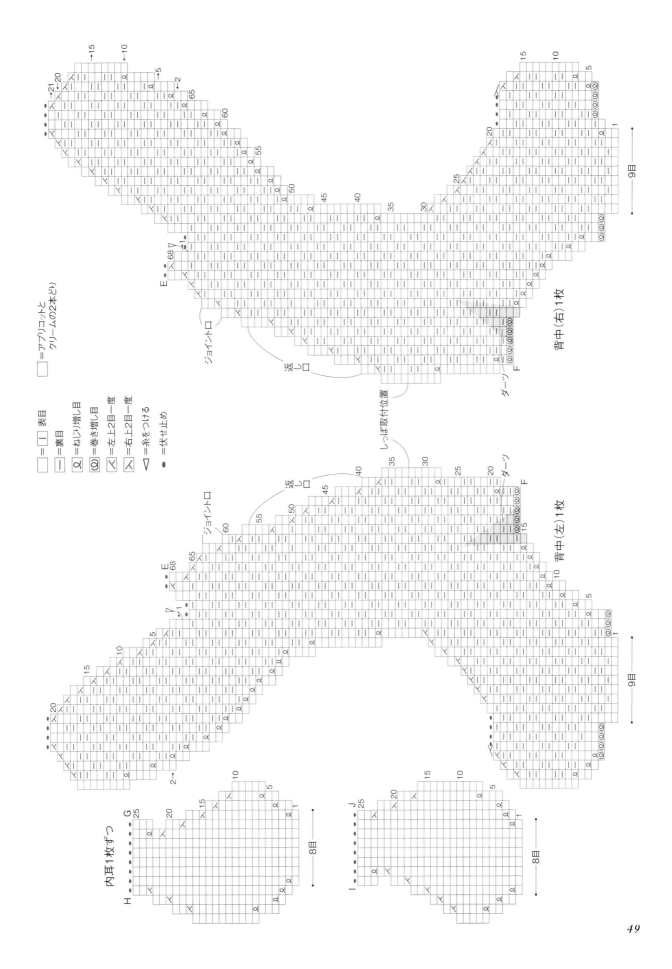

記号の説明（左上）

□ = ｜ 表目
□ = 一 裏目
Q = ねじり増し目
(Q) = 巻き増し目
人 = 左上2目一度
入 = 右上2目一度
▽ = 糸をつける
● = 伏せ止め

□ = アプリコットと
クリームの2本どり

背中（右）1枚
9目

背中（左）1枚
9目

内耳1枚ずつ
8目
8目

ジョイント口
返し口
ジョイント口
返し口
しっぽ取付け位置
ダーツ
E
F
G
H
I
J

49

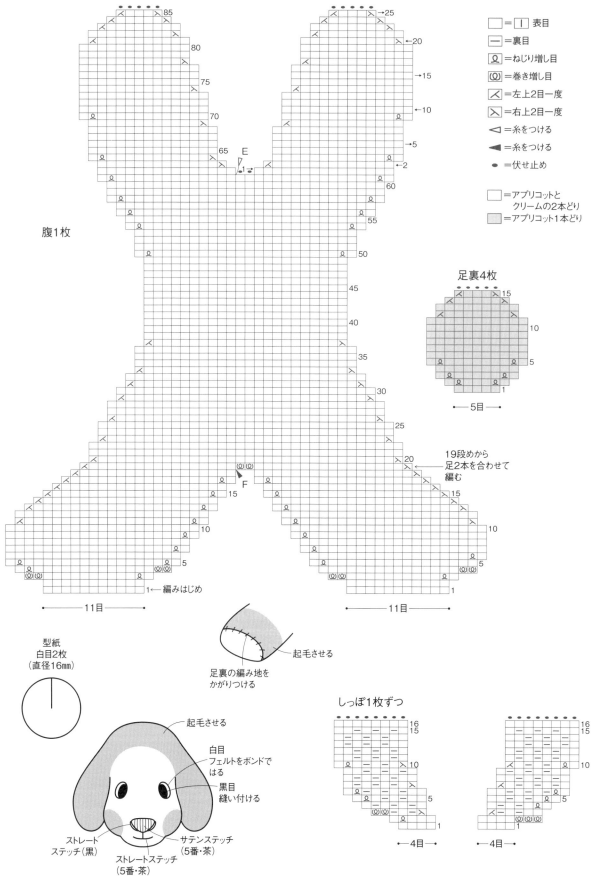

腹1枚

足裏4枚

19段めから
足2本を合わせて
編む

型紙
白目2枚
（直径16mm）

起毛させる

足裏の編み地を
かがりつける

起毛させる

白目
フェルトをボンドで
はる

黒目
縫い付ける

ストレート
ステッチ（黒）

サテンステッチ
（5番・茶）

ストレートステッチ
（5番・茶）

しっぽ1枚ずつ

□ = Ｉ 表目
― = 裏目
Ω = ねじり増し目
（Ω） = 巻き増し目
✕ = 左上2目一度
✕ = 右上2目一度
◁ = 糸をつける
◀ = 糸をつける
● = 伏せ止め

□ = アプリコットと
クリームの2本どり
▨ = アプリコット1本どり

─ 5目 ─
─ 11目 ─
─ 11目 ─
─ 4目 ─
─ 4目 ─

1←編みはじめ

50

p.10 二毛猫

背中（右）1枚

糸

黒（999）27g、ナチュラルホワイト（104）7g、
コーラルピンク（540）少量

用具

3号棒針、2/0号かぎ針、ぬいぐるみ用針、縫い針

その他

つぶわた 26g（ボディ 19g、頭 6g、しっぽ 1g）
ペレット 50g（ボディ 20g、前足 5g×2、後ろ足 7g×2、
しっぽ 6g）
キャッツアイ（イエロー）9mm 2個
プラスチックジョイント 30mm 1個
コーティング糸（TOHO Amiet、白）
※作品は本物の猫のひげを使っています。
ボタン付け糸
キッチン用水切りネット

ゲージ

30目×38段

できあがり寸法

幅26×高さ8×奥行11cm

作り方

1. 糸は1本どりで12枚の編み地を作り、背中のダーツを縫い、スチームアイロンをかける。

2. 頭2枚を中表に合わせてA～Bを引き抜きとじにし、頭マチを中表に合わせてB～C、Dまでそれぞれとじる。背中の2枚を中表に合わせてジョイント口と返し口を残してE～Fをとじ、腹と中表に合わせて周囲をとじる。耳としっぽも中表に合わせて返し口を残してとじる。表に返す。

3. パーツをフェルティングして乾かす。

4. 頭にわたを詰め、ジョイントを入れて返し口をとじる。目とひげを付け、鼻と口を刺しゅうし、耳を縫い付ける。

5. 足にペレットとわたを詰める。腹に薄くわたを入れてからネットに入れたペレットを入れ、わたを詰める。頭をボディに差し込んで固定し、返し口をコの字とじにする。しっぽはペレットとわたを詰めて巻きかがりでとじてからボディに縫い付ける。

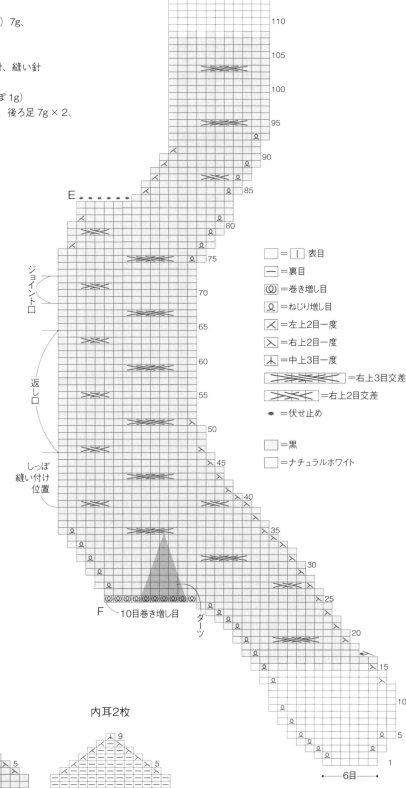

□=| 表目
—=裏目
(Q)=巻き増し目
Q=ねじり増し目
✕=左上2目一度
✕=右上2目一度
木=中上3目一度
⟩⟨=右上3目交差
⟩⟨=右上2目交差
●=伏せ止め

□=黒
□=ナチュラルホワイト

外耳2枚　　内耳2枚

—13目—　　—13目—

—6目—

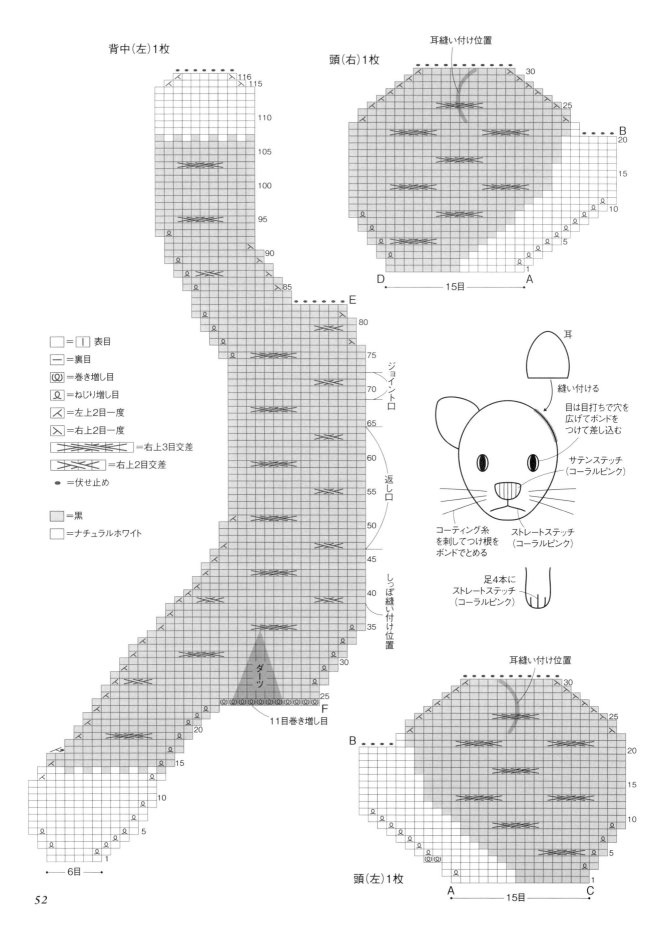

背中(左)1枚

頭(右)1枚

耳縫い付け位置

116
115
110
105
100
95
90
85

30
25
20
15
10
5
1

B

D ← 15目 → A

E
80
75
70 ジョイント口
65
60 返し口
55
50
45
40 しっぽ縫い付け位置
35
30
25
20
15
10
5
1

F
11目巻き増し目
ダーツ

← 6目 →

□ = │ 表目
─ = 裏目
(Q) = 巻き増し目
Ω = ねじり増し目
∠ = 左上2目一度
＼ = 右上2目一度
=右上3目交差
=右上2目交差
● = 伏せ止め

=黒
□ =ナチュラルホワイト

耳

縫い付ける

目は目打ちで穴を
広げてボンドを
つけて差し込む

サテンステッチ
(コーラルピンク)

コーティング糸
を刺してつけ根を
ボンドでとめる

ストレートステッチ
(コーラルピンク)

足4本に
ストレートステッチ
(コーラルピンク)

耳縫い付け位置

30
25
20
15
10
5
1

B

頭(左)1枚

A ← 15目 → C

52

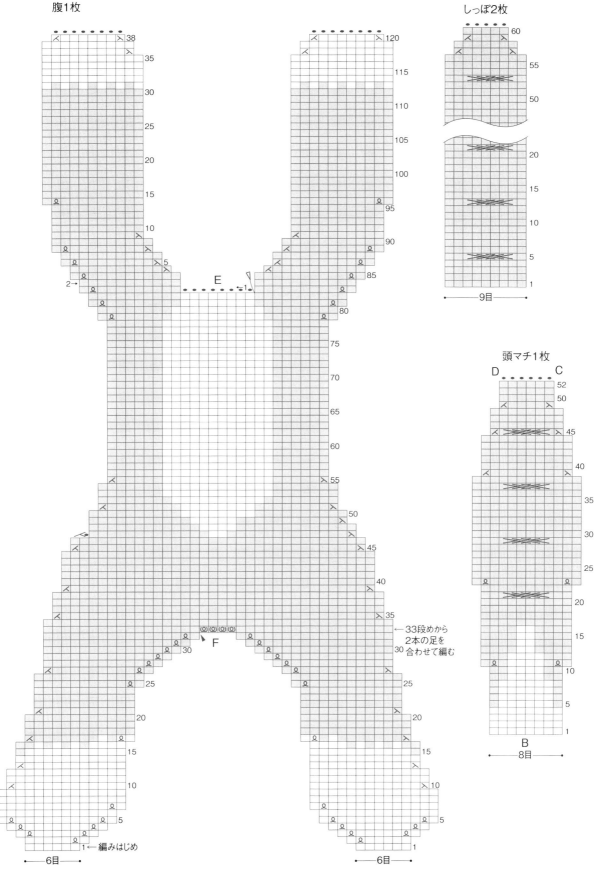

腹1枚

38
35
30
25
20
15
10
5
2→
1 ←編みはじめ
←6目→

120
115
110
105
100
95
90
85
80
75
70
65
60
55
50
45
40
35
30
25
20
15
10
5
1
E
←1
←6目→

←33段めから
2本の足を
30 合わせて編む

F

しっぽ2枚

60
55
50
20
15
10
5
1
←9目→

頭マチ1枚

D   C
52
50
45
40
35
30
25
20
15
10
5
1

B
←8目→

53

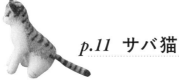

p.11 サバ猫

糸

ナチュラルホワイト（104）15g、ライトグレー（122）10g、
ダークグレー（123）5g、ローズ（550）2g

用具

3号棒針、2/0号かぎ針、ぬいぐるみ用針、縫い針

その他

つぶわた 30g（ボディ 29g、しっぽ 1g）
ペレット 45g（ボディ 40g、しっぽ 5g）
キャッツアイ（ブルーパール）9mm 2個
ボタン付け糸
コーティング糸（TOHO Amiet、白）
※作品は本物の猫のひげを使っています。

ゲージ

26目×34段

できあがり寸法

幅 12 ×高さ 18.5 ×奥行 11.5cm

作り方

1. 糸は1本どりで8枚の編み地を作り、側面のダーツを縫い、スチームアイロンをかける。

2. 側面の2枚を中表に合わせ、返し口を残してA～背中側～Bを引き抜きとじにする。腹と中表に合わせ、周囲をとじる。耳は中表に、しっぽは中表の縦半分に折って返し口を残してとじる。表に返す。

3. パーツをフェルティングして乾かす。

4. 前足にペレットを少量入れ、わたを詰める。ボディにペレットとわたを詰め、返し口をコの字とじにする。腹のダーツを縫う。目の位置をボタン付け糸でへこませてから目を付ける。鼻、口、つめを刺しゅうし、ひげを付ける。耳の返し口を巻きかがりでとじてから縫い付ける。

5. しっぽにペレットとわたを詰めて巻きかがりでとじてからボディに縫い付ける。

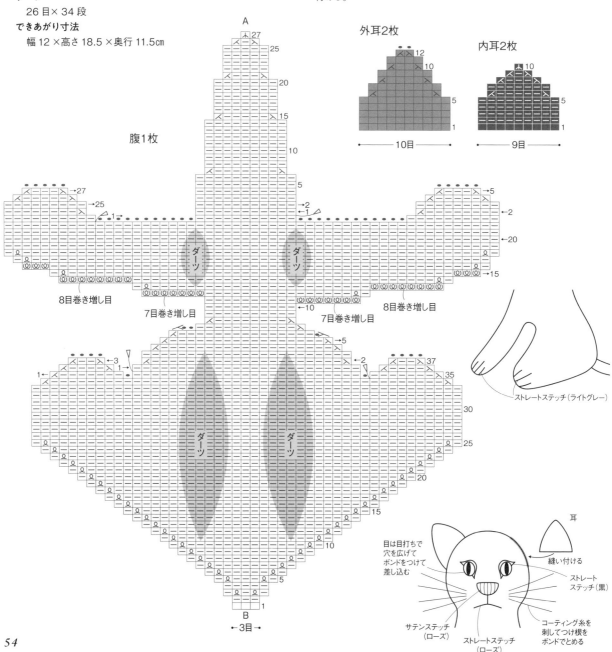

54

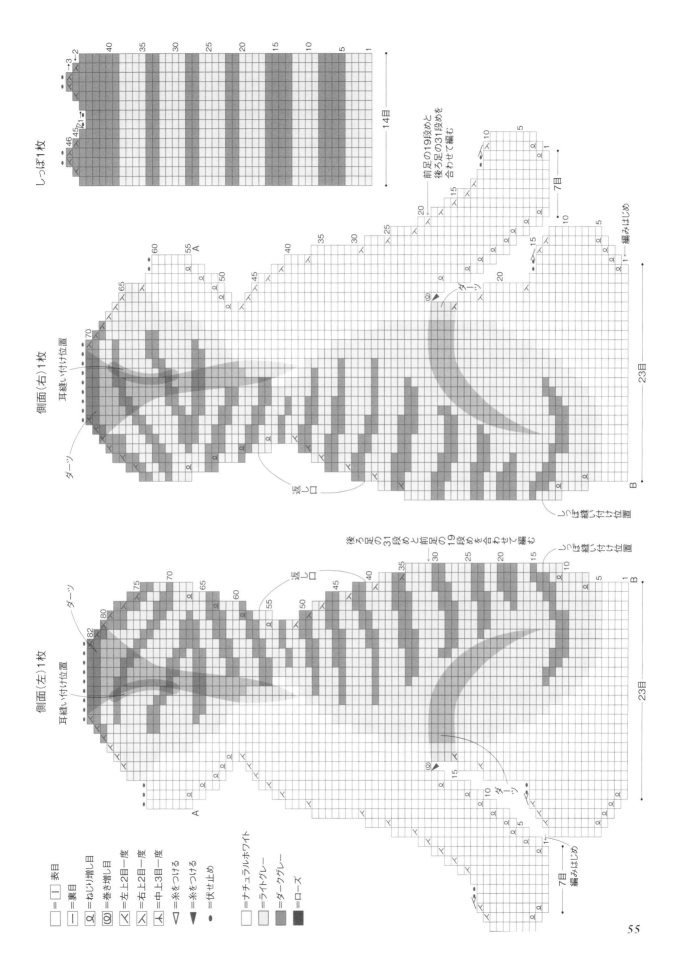

しっぽ1枚

側面（右）1枚

耳縫い付け位置

ダーツ

返し口

しっぽ縫い付け位置

後ろ足の31段めと前足の19段めを合わせて編む

前足の19段めと後ろ足の31段めを合わせて編む

側面（左）1枚

耳縫い付け位置

ダーツ

返し口

しっぽ縫い付け位置

編みはじめ

□=Ｉ 表目
ー=裏目
Ｑ=ねじり増し目
(Q)=巻き増し目
人=左上2目一度
入=右上2目一度
人=中上3目一度
◁=糸をつける
▼=糸をつける
•=伏せ止め

□=ナチュラルホワイト
□=ライトグレー
■=ダークグレー
■=ローズ

55

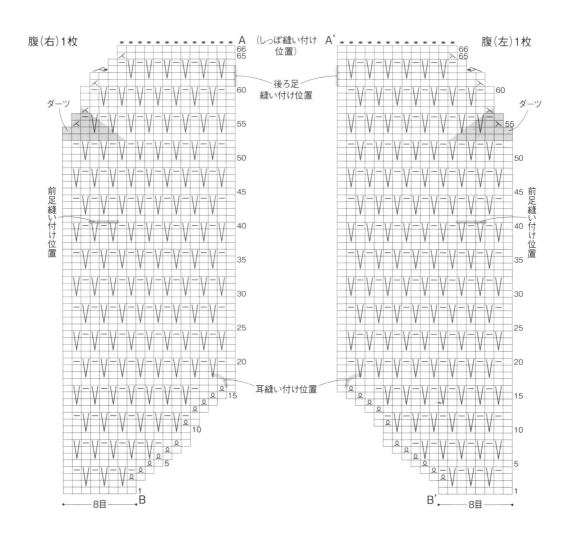

p.12 ハリネズミ

糸

アイボリー（343）18g、モカ（890）7g、黒（999）少量

用具

3号棒針、2/0号かぎ針、ぬいぐるみ用針、縫い針

その他

つぶわた 20g

ペレット 25g

プラスチックアイ 6mm 2 個

ボタン付け糸

ゲージ

30目×38段

できあがり寸法

幅 17 ×高さ 10 ×奥行 7㎝

作り方

1. 糸は1本どりで11枚の編み地を作り、背中と腹のダーツを縫う。
2. 背中と腹を中表に、A（A'）～ B（B'）を合わせて引き抜きとじにする。
   できあがった2枚をAとA'、BとB'を合わせて中表に合わせ、返し
   口を残してとじる。足としっぽは中表の縦半分に折って返し口を残して
   とじる。表に返す。
3. パーツをフェルティングして乾かす。
4. 足にそれぞれペレットを少量入れ、返し口を巻きかがりでとじる。鼻か
   ら順にわたを詰め、ボディに残りのペレットとわたを詰めて返し口をコ
   の字とじにする。
5. 目を縫い付け、鼻を刺しゅうする。耳の根本をぐし縫いして糸を引き、
   頭に縫い付ける。足をそれぞれボディに縫い付ける。

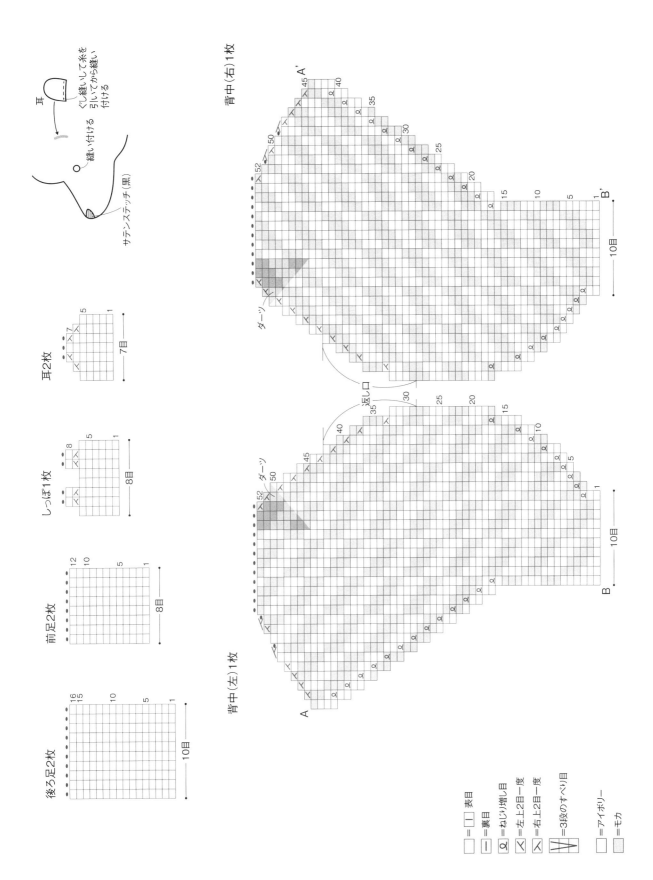

耳

ぐし縫いして糸を
引いてから縫い
付ける

縫い付ける

サテンステッチ（黒）

耳2枚

7
5
1
7目

しっぽ1枚

8
5
1
8目

前足2枚

12
10
5
1
8目

後ろ足2枚

16
15
10
5
1
10目

背中（右）1枚

A'
45
40
35
50
52
30
25
20
15
10
5
1
B'
10目

ダーツ

返し口

背中（左）1枚

A
52
50
45
40
35
30
25
20
15
10
5
1
B
10目

ダーツ

□=□ =表目
— =裏目
Ω =ねじり増し目
人 =左上2目一度
⋏ =右上2目一度
V =3段のすべり目
□ =アイボリー
▨ =モカ

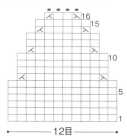

p.13 ぶた

糸
ローズ（550）22g、黒（999）少量、
〔長谷川商店〕SEIKA（極細モヘア）ピンク（25）5g

用具
3号棒針、2/0号かぎ針、4/0号かぎ針（しっぽ用）、
ぬいぐるみ用針

その他
つぶわた 20g
ペレット 30g
プラスチックアイ 8mm 2個
カットフェルト（ピンク）
5番刺しゅう糸・ピンク（962）
ボタン付け糸
キッチン用水切りネット

ゲージ
模様編み 26目×38段
メリヤス編み 26目×36段

できあがり寸法
幅16×高さ11×奥行8cm

作り方
1. 糸は指定の糸、本数で7枚の編み地を作り、スチームアイロンをかける。フェルトは切る。
2. 側面の2枚を中表に合わせ、返し口を残してA〜Bを引き抜きとじにする。腹と中表に合わせて周囲をとじる（鼻先はあけておく）。耳は外耳の裏目側と、内耳の表目側を合わせて返し口を残してとじる。表に返す。
3. パーツはフェルティングし、フェルトはもみ洗いして乾かす。
4. フェルトに刺しゅうし、ボディのA〜Cに縫い付ける。足にわたを詰めて腹にネットに入れたペレットを入れ、わたを詰めて返し口をコの字とじにする。腹のダーツを縫う。
5. 目の位置をボタン付け糸でへこませてから目を縫い付ける。目の周り、口を刺しゅうする。耳は返し口を巻きかがりでとじ、根元をぐし縫いして糸を引いてからボディに縫い付ける。しっぽを作り、ボディに縫い付ける。

外耳2枚（ローズとピンクの2本どり）
内耳2枚（ピンクの2本どり）

型紙 鼻1枚

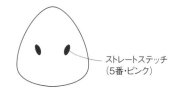

ストレートステッチ
（5番・ピンク）

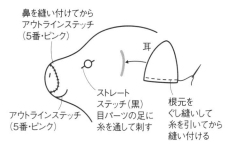

鼻を縫い付けてから
アウトラインステッチ
（5番・ピンク）

耳

ストレート
ステッチ（黒）
目パーツの足に
糸を通して刺す

アウトラインステッチ
（5番・ピンク）

根元を
ぐし縫いして
糸を引いてから
縫い付ける

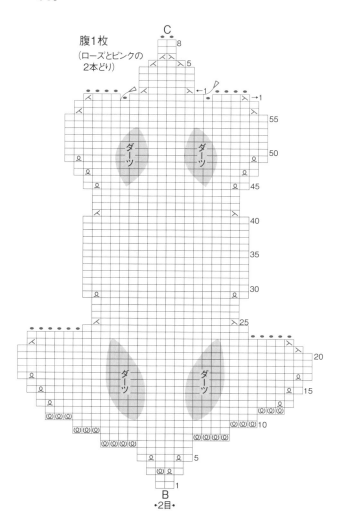

腹1枚
（ローズとピンクの
2本どり）

しっぽ
（ローズ2本、ピンク2本の計4本どり／4/0号かぎ針）

編みはじめ→ ●●●●●●●------●●●●●●
（作り目20目）
20目作り目をして1目おきに引き抜き編みをする

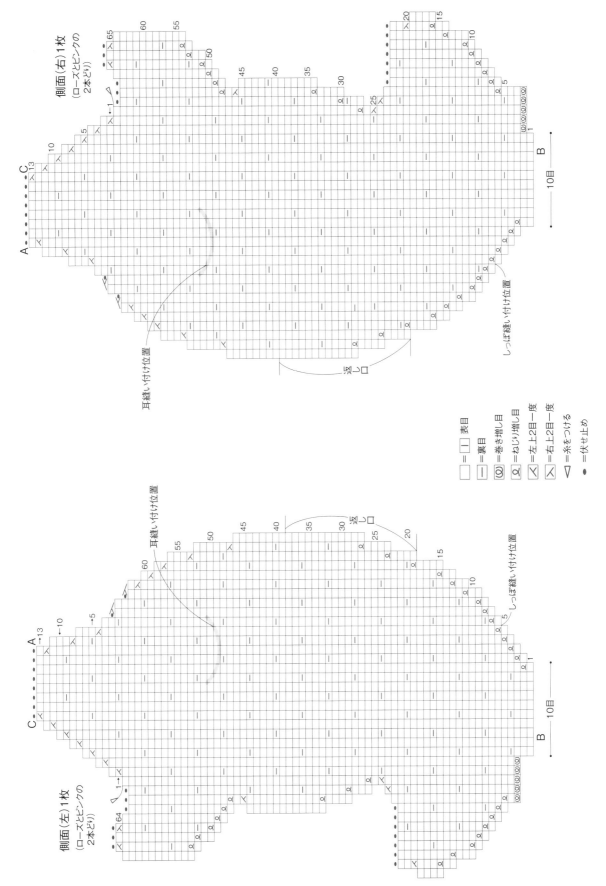

側面（右）1枚
（ローズピンクの2本どり）

側面（左）1枚
（ローズピンクの2本どり）

耳縫い付け位置
しっぽ縫い付け位置
返し口

□ = □ 表目
━ = ┃ 裏目
⦰ = 巻き増し目
Ω = ねじり増し目
╱ = 左上2目一度
╲ = 右上2目一度
◁ = 糸をつける
● = 伏せ止め

p.14 ひつじ

糸
ナチュラルホワイト（104）35g、ローズ（550）3g、
コーラルピンク（540）少量、
〔長谷川商店〕SEIKA（極細モヘア）エクリュ（2）9g

用具
3号棒針、2/0号かぎ針、ぬいぐるみ用針、縫い針

その他
つぶわた 20g（ボディ12g、頭5g、耳1g×2）
ペレット 62g（ボディ20g、足8g×4、耳5g×2）
プラスチックアイ 10mm 2個
プラスチックジョイント 30mm 1個
ボタン付け糸
キッチン水切り用ネット

ゲージ
模様編み 30目×40段
メリヤス編み 26目×36段

できあがり寸法
幅21×高さ10.5×奥行12cm

作り方
1. 糸は指定の糸、本数で12枚の編み地を作り、背中のダーツを縫い、スチームアイロンをかける。
2. 頭2枚を中表に合わせてA～Bを引き抜きとじにし、頭マチを中表に合わせてB～C、Dまでそれぞれとじる。背中の2枚を中表に合わせてジョイント口と返し口を残してE～Fをとじ、腹と中表に合わせて周囲をとじる。耳としっぽも中表に合わせて返し口を残してとじる。表に返す。
3. パーツをフェルティングして乾かす。
4. 頭にわたを詰め、ジョイントを入れて返し口をとじる。目の位置をボタン付け糸でへこませてから目を縫い付ける。目の周り、鼻、口を刺しゅうする。ネットに入れたペレットを耳に入れ、わたを少量詰めて返し口を巻きかがりでとじてから頭に縫い付ける。
5. 足にネットに入れたペレットとわたを詰める。腹にわたを薄く入れてからネットに入れたペレットを入れ、わたを詰める。頭をボディに差し込んで固定し、返し口をコの字とじにする。しっぽを縫い付ける。つめを刺しゅうする。

※腹のダーツを縫うと立たせることができます。

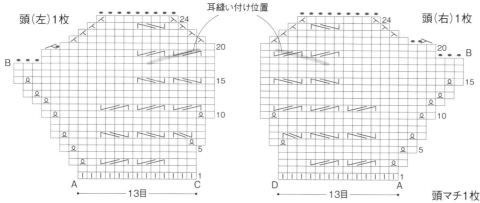

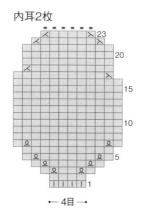

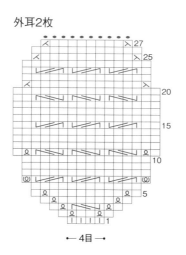

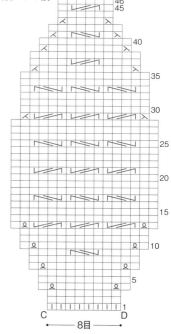

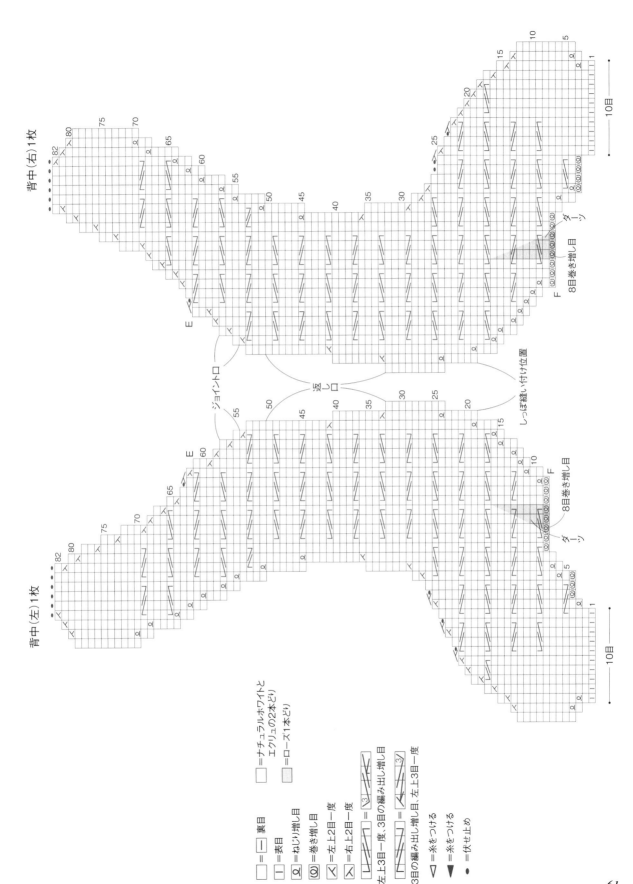

背中（右）1枚

背中（左）1枚

ジョイント口

返し口

しっぽ縫い付け位置

ダーツ

8目巻き増し目

ダーツ

8目巻き増し目

10目

□ = 右上3目一度、3目の編み出し増し目

左上3目一度、3目の編み出し増し目

= ナチュラルホワイトと
　エクリュの2本どり
= ローズ1本どり

= 表目
Q = ねじり増し目
Ø = 巻き増し目
人 = 左上2目一度
入 = 右上2目一度

◁ = 糸をつける
▼ = 糸をつける
● = 伏せ止め

61

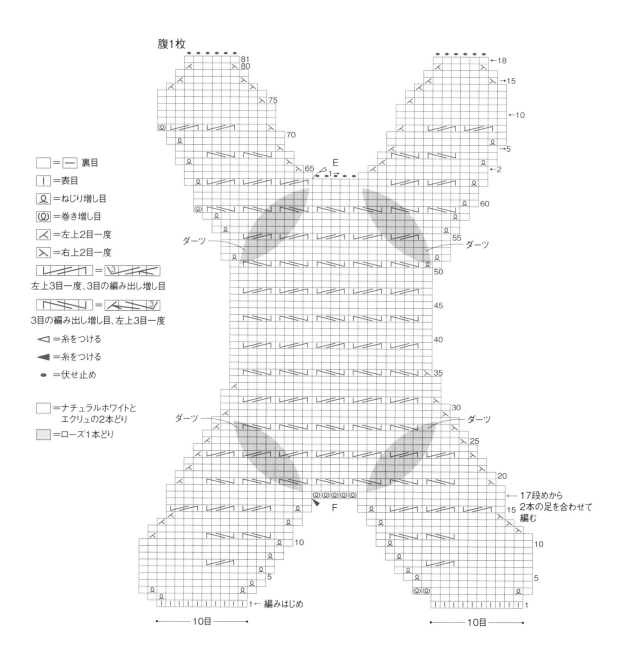

腹1枚

= 裏目
| | = 表目
Ω = ねじり増し目
(Q) = 巻き増し目
= 左上2目一度
= 右上2目一度
= 左上3目一度、3目の編み出し増し目
= 3目の編み出し増し目、左上3目一度
= 糸をつける
= 糸をつける
= 伏せ止め

= ナチュラルホワイトと
エクリュの2本どり
= ローズ1本どり

ダーツ
ダーツ
E
ダーツ
ダーツ
F
← 17段めから
2本の足を合わせて
編む

10目
10目

縫い付ける
耳
サテン
ステッチ
(ローズ)
ストレートステッチ（黒）
目パーツの足に
糸を通して刺す
ストレートステッチ
(コーラルピンク)

足4本に
ストレートステッチ
(ローズ)

しっぽ2枚

4目

62

p.16 うさぎ

糸
　ベージュ (342) 21g、ナチュラルホワイト (104) 7g、
　黒 (999) 少量

用具
　3 号棒針、2/0 号かぎ針、ぬいぐるみ用針、縫い糸

その他
　つぶわた 18g (ボディ 12g、頭 6g)
　ペレット 30g (ボディ 10g、足先 5g × 4)
　プラスチックアイ 10mm 2 個
　プラスチックジョイント 30mm 1 個
　5 番刺しゅう糸・ピンク (962)
　ボタン付け糸
　色えんぴつ (こげ茶)

ゲージ
　26 目× 34 段

できあがり寸法
　幅 21.5 ×高さ 15 ×奥行 10㎝

作り方

1. 糸は 1 本どりで 12 枚の編み地を作り、背中のダーツを縫い、スチームアイロンをかける。

2. 頭 2 枚を中表に合わせて A ～ B を引き抜きとじにし、頭マチを中表に合わせて B ～ C、D までそれぞれとじる。背中の 2 枚を中表に合わせてジョイント口と返し口を残して E ～ F をとじ、腹と中表に合わせて周囲をとじる。耳も中表に合わせて返し口を残してとじる。表に返す。しっぽは外表に合わせて周囲を巻きかがりでとじる。

3. パーツをフェルティングして乾かす。

4. 頭にわたを詰め、ジョイントを入れて返し口をとじる。目の位置をボタン付け糸でへこませてから目を縫い付ける。目のまわり、鼻、口を刺しゅうする。耳を縫い付ける。

5. 足にペレットとわたを詰める。腹にわたを薄く入れてからペレットを入れ、わたを詰める。頭をボディに差し込んで固定し、返し口をコの字とじにする。しっぽをボディに縫い付ける。好みで鼻先を色えんぴつで着色する。

頭マチ1枚

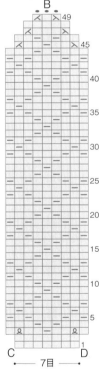

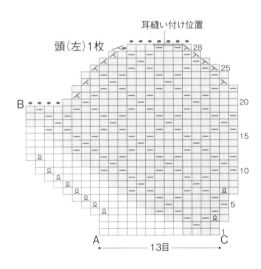

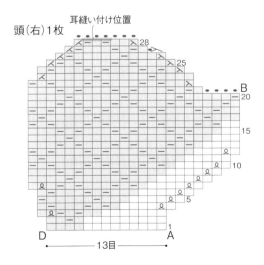

□ = |□| 表目　　　□ =ベージュ

□ = − 裏目　　　□ =ナチュラルホワイト

Ω =ねじり増し目

⊼ =左上2目一度

⊼ =右上2目一度

◁ =糸をつける

◀ =糸を切る

● =伏せ止め

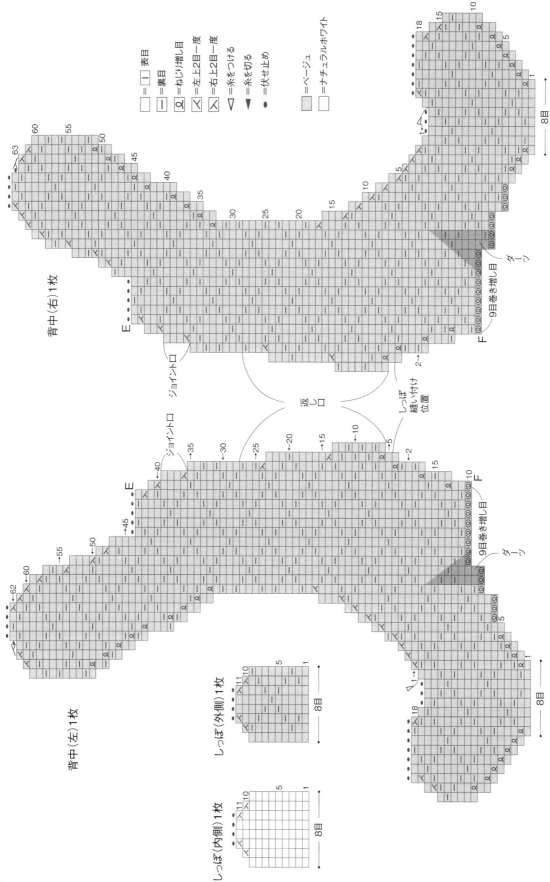

背中（右）1枚

背中（左）1枚

しっぽ（外側）1枚

しっぽ（内側）1枚

ジョイント口

ジョイント口

返し口

しっぽ
縫い付け
位置

ダーツ

ダーツ

9目巻き増し目

9目巻き増し目

8目

8目

8目

8目

= 表目

= 裏目

Q = ねじり増し目

= 左上2目一度

= 右上2目一度

= 糸をつける

= 糸を切る

= 伏せ止め

= ベージュ

= ナチュラルホワイト

64

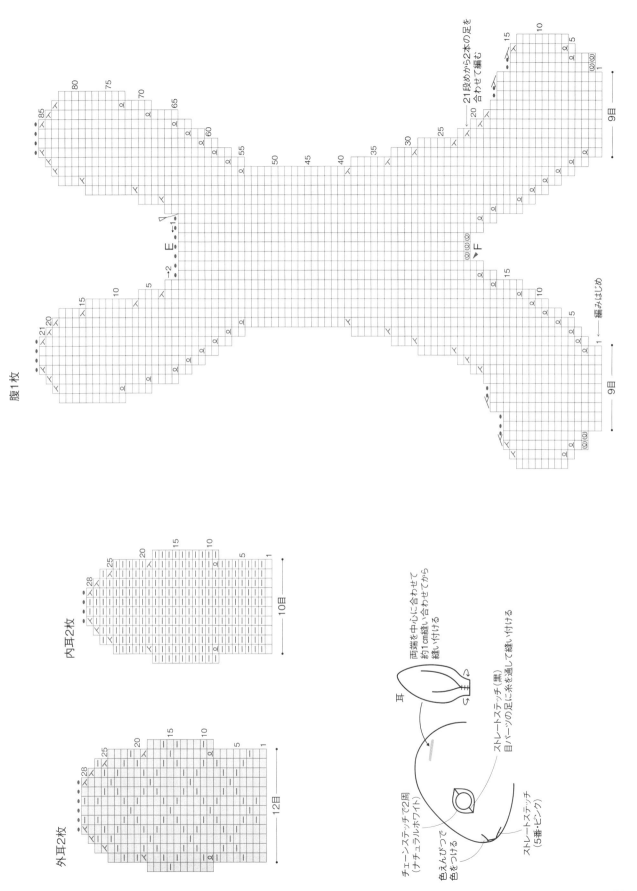

腹1枚

内耳2枚

外耳2枚

両端を中心に合わせて
約1cm縫い合わせてから
縫い付ける

耳

チェーンステッチで2周
(ナチュラルホワイト)

色えんぴつで
色をつける

ストレートステッチ(黒)
目パーツの足に糸を通して縫い付ける

ストレートステッチ
(5番・ピンク)

65

p.17 クマ

糸
コーヒー（880）38g、黒（999）少量

用具
3号棒針、2/0号かぎ針、ぬいぐるみ用針、縫い針

その他
つぶわた 27g（ボディ 20g、頭 7g）
ペレット 70g（ボディ 30g、手足 10g×4）
プラスチックアイ 9mm 2個
プラスチックジョイント 30mm 1個
カットフェルト（白、黄茶）
ボタン付け糸
キッチン用水切りネット

ゲージ
26目×34段

できあがり寸法
幅（後ろ足先～背中）16×高さ 17×奥行 10.5cm

作り方
1. 糸はコーヒーの1本どりで12枚の編み地を作り、背中のダーツを縫い、スチームアイロンをかける。フェルトは切る。
2. 頭2枚を中表に合わせてA～Bを引き抜きとじにし、頭マチを中表に合わせてB～C、Dまでそれぞれとじる。背中の2枚を中表に合わせてジョイント口と返し口を残してE～Fをとじ、腹と中表に合わせて周囲をとじる。耳としっぽも中表に合わせて返し口を残してとじる。表に返す。
3. パーツはフェルティングし、フェルトはもみ洗いして乾かす。
4. 頭にわたを詰め、ジョイントを入れて返し口をとじる。目の位置をボタン付け糸でへこませてから目を縫い付け、白目のフェルトをはる。鼻と口を刺しゅうする。耳は返し口を巻きかがりでとじてから縫い付ける。
5. 手足にペレットとわたを詰める。腹にわたを薄く入れてからネットに入れたペレットを入れ、わたを詰める。頭をボディに差し込んで固定し、返し口をコの字とじにする。腹のダーツを縫う。しっぽは返し口を巻きかがりでとじてからボディに縫い付ける。手足にフェルトをかがり付け、つめを刺しゅうする。お好みでリボンを首に巻く。

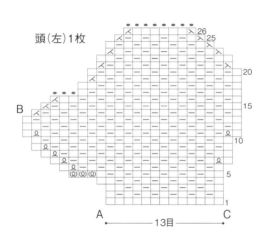

頭（左）1枚

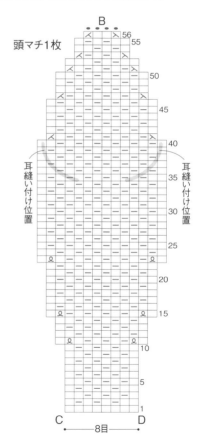

頭マチ1枚

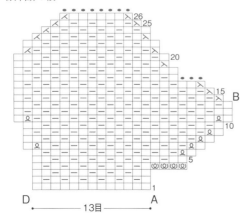

頭（右）1枚

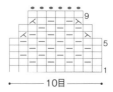

外耳2枚

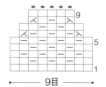

内耳2枚

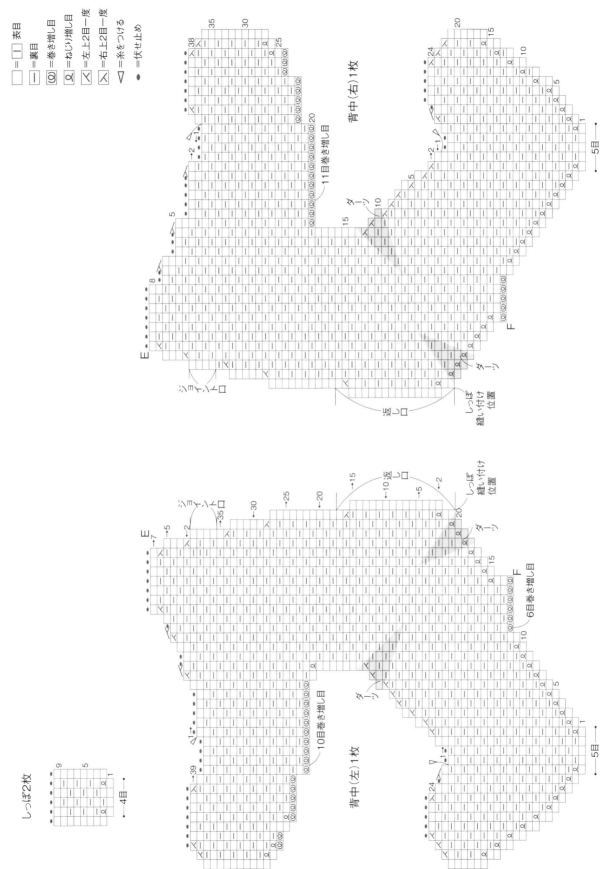

しっぽ2枚

背中（左）1枚

背中（右）1枚

＝ 表目
＝ 裏目
⦿ ＝巻き増し目
Ｑ ＝ねじり増し目
＜ ＝左上2目一度
＞ ＝右上2目一度
◁ ＝糸をつける
● ＝伏せ止め

ジョイント口
10目巻き増し目
11目巻き増し目
6目巻き増し目
返し口
しっぽ縫い付け位置
ダーツ

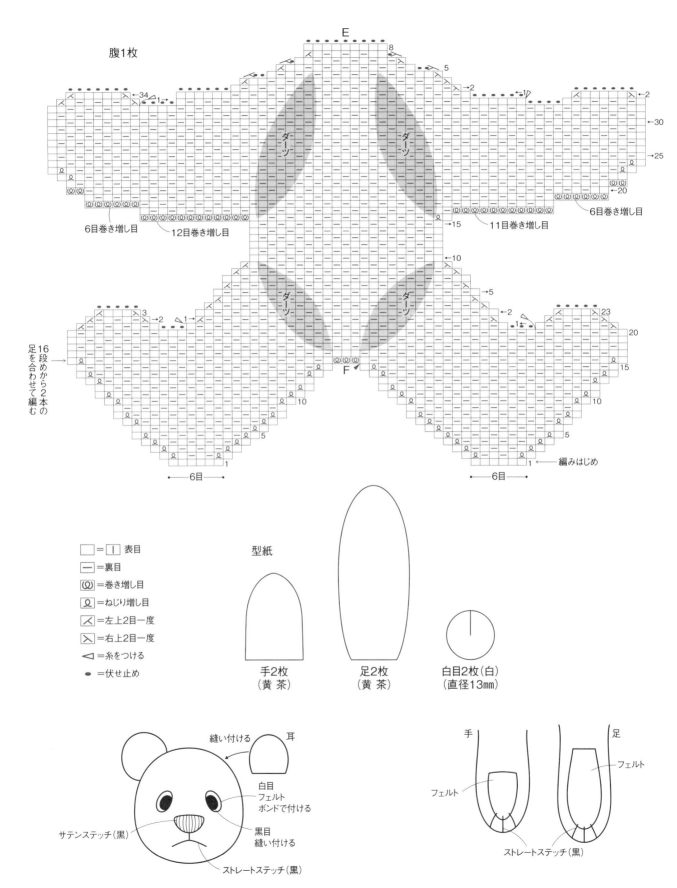

腹1枚

E

8

5

→2

←1

←2

34 ←1

→30

→25

←20

6目巻き増し目

→15

11目巻き増し目

6目巻き増し目

12目巻き増し目

ダーツ

ダーツ

←10

ダーツ

ダーツ

→5

→5

3

→2

←1

→2

←1

23

20

16段めから2本の足を合わせて編む

15

10

10

5

F

1

5

6目

編みはじめ

1

6目

□ = Ⅰ 表目

— = 裏目

Ⓠ = 巻き増し目

Ω = ねじり増し目

ꞁ = 左上2目一度

ꞁ = 右上2目一度

◁ = 糸をつける

● = 伏せ止め

型紙

手2枚
（黄 茶）

足2枚
（黄 茶）

白目2枚（白）
（直径13mm）

縫い付ける　　耳

白目
フェルト
ボンドで付ける

サテンステッチ（黒）

黒目
縫い付ける

ストレートステッチ（黒）

手

足

フェルト

フェルト

フェルト

ストレートステッチ（黒）

p.18 ゴマフアザラシ

糸
　ナチュラルホワイト（104）23g、黒（999）少量
用具
　3号棒針、2/0号かぎ針、ぬいぐるみ用針、縫い針
その他
　つぶわた 15g
　ペレット 36g（ボディ 30g、後ろヒレ 3g×2）
　プラスチックアイ 9㎜ 2個
　ボタン付け糸
　テグス
　キッチン用水切りネット
　えんぴつ（B）
ゲージ
　28目×50段
できあがり寸法
　幅23×高さ8×奥行13.5㎝

作り方
1. 糸はナチュラルホワイトの1本どりで5枚の編み地を作り、スチームアイロンをかける。
2. 背中2枚を中表に合わせてA～Bを引き抜きとじにし、頭マチを中表に合わせてB～Cまでそれぞれとじ、そのままDまでとじる。腹の2枚は中表に合わせて返し口を残してA～Dをとじる。背中と中表にA、D、E、Fが合うようにとじ、表に返す。
3. パーツをフェルティングして乾かす。
4. 後ろヒレにペレットを入れてわたを詰める。腹にわたを薄く入れてからネットに入れたペレットを入れ、わたを詰める。返し口をコの字とじにする。
5. 目を縫い付け、目の周り、口、毛穴、つめを刺しゅうする。ひげを付ける。口と目の周りをえんぴつで着色する。

頭マチ1枚

B

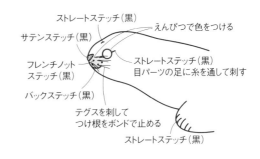

ストレートステッチ（黒）
えんぴつで色をつける
サテンステッチ（黒）
ストレートステッチ（黒）
目パーツの足に糸を通して刺す
フレンチノットステッチ（黒）
バックステッチ（黒）
テグスを刺して
つけ根をボンドで止める
ストレートステッチ（黒）

C
←3目→

□ = Ⅰ 表目

— = 裏目

(0) = 巻き増し目

ℚ = ねじり増し目

⟋ = 左上2目一度

⟍ = 右上2目一度

Ⅴ = すべり目

● = 伏せ止め

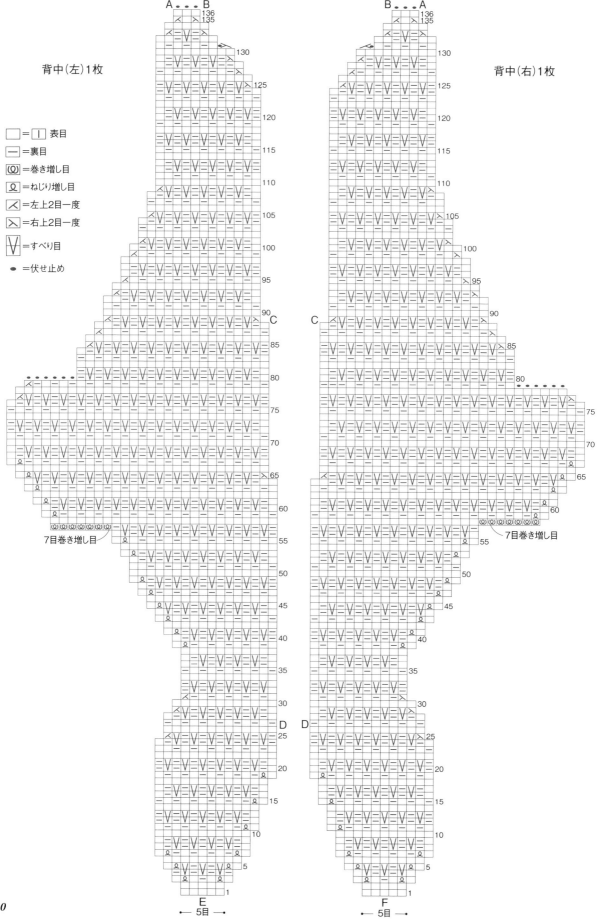

背中（左）1枚

□=I 表目
—=裏目
Ⓠ=巻き増し目
Ω=ねじり増し目
＜=左上2目一度
＞=右上2目一度
V=すべり目
•=伏せ止め

背中（右）1枚

A • • • B
136
135
130
125
120
115
110
105
100
C
95
90
85
80
75
70
65
60
55
50
45
40
35
30
D
25
20
15
10
5
1
E
← 5目 →

7目巻き増し目

B • • • A
136
135
130
125
120
115
110
105
100
95
90
C
85
80
75
70
65
60
55
50
45
40
35
30
D
25
20
15
10
5
1
F
← 5目 →

7目巻き増し目

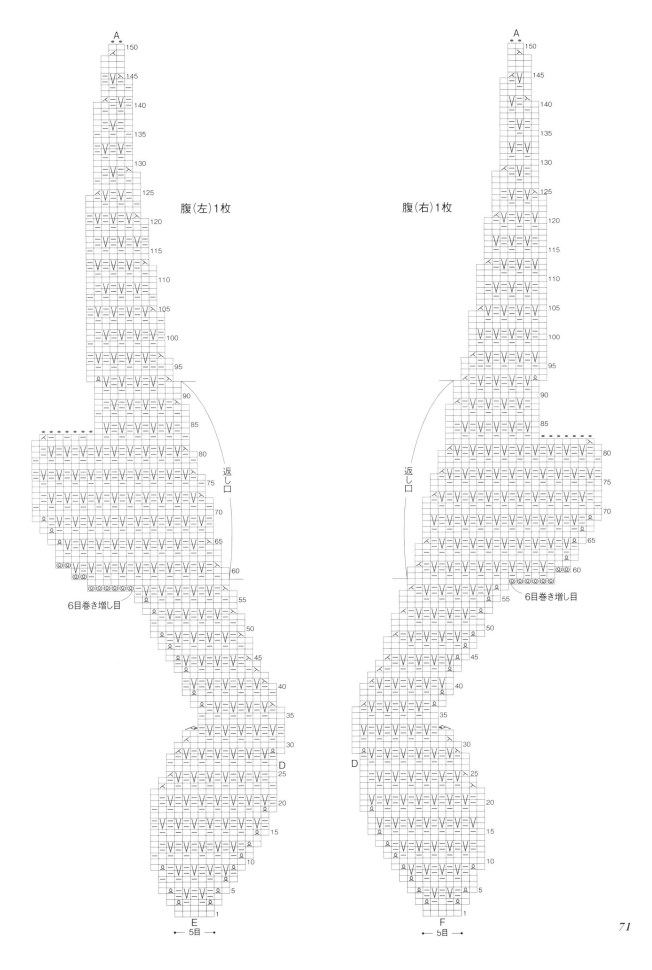

A

150

145

腹(左)1枚

140

135

130

125

120

115

110

105

100

95

90

85

返し口

80

75

70

65

60

6目巻き増し目

55

50

45

40

35

30

D

25

20

15

10

5

E

1

← 5目 →

A

150

145

腹(右)1枚

140

135

130

125

120

115

110

105

100

95

90

85

返し口

80

75

70

65

60

6目巻き増し目

55

50

45

40

35

30

D

25

20

15

10

5

F

1

← 5目 →

71

p.20 シロクマ

糸
　ナチュラルホワイト（104）36g 、黒（999）少量
用具
　3号棒針、2/0号かぎ針、ぬいぐるみ用針、縫い針
その他
　つぶわた 28g
　ペレット 20g（足 5g × 4）
　プラスチックアイ 8mm 2個
　カットフェルト（ライトグレー）
　ボタン付け糸
　えんぴつ（B）
ゲージ
　32目 × 40段
できあがり寸法
　幅 21 ×高さ 13.5 ×奥行 8㎝

作り方
1. 糸はナチュラルホワイトの1本どりで10枚の編み地を作り、スチームアイロンをかける。フェルトは切る。
2. 側面2枚を中表に合わせてA〜Bを引き抜きとじにし、頭マチを中表に合わせてB〜Cまでそれぞれとじる。そのまま返し口を残してDまでとじる。腹と中表に合わせて周囲をとじる。耳としっぽも中表に合わせて返し口を残してとじる。表に返す。
3. パーツはフェルティングし、フェルトはもみ洗いして乾かす。
4. 足先にペレットを入れてわたを詰める。返し口をコの字とじにする。腹のダーツを縫う。
5. 目の位置をボタン付け糸でへこませてから目を縫い付け、鼻、口、つめを刺しゅうし、えんぴつで口周りを着色する。耳は内耳の縁をぐし縫いして糸を引いてからボディに縫い付ける。しっぽを縫い付ける。足裏にフェルトをかがり付ける。口の周りをえんぴつで着色する。

頭マチ1枚

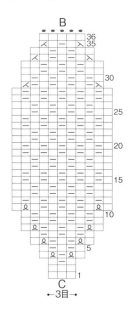

外耳2枚

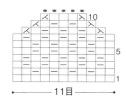

内耳2枚

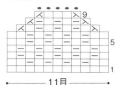

しっぽ2枚

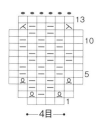

型紙 足裏4枚

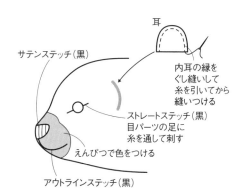

耳

サテンステッチ（黒）

内耳の縁をぐし縫いして糸を引いてから縫いつける

ストレートステッチ（黒）
目パーツの足に糸を通して刺す

えんぴつで色をつける

アウトラインステッチ（黒）

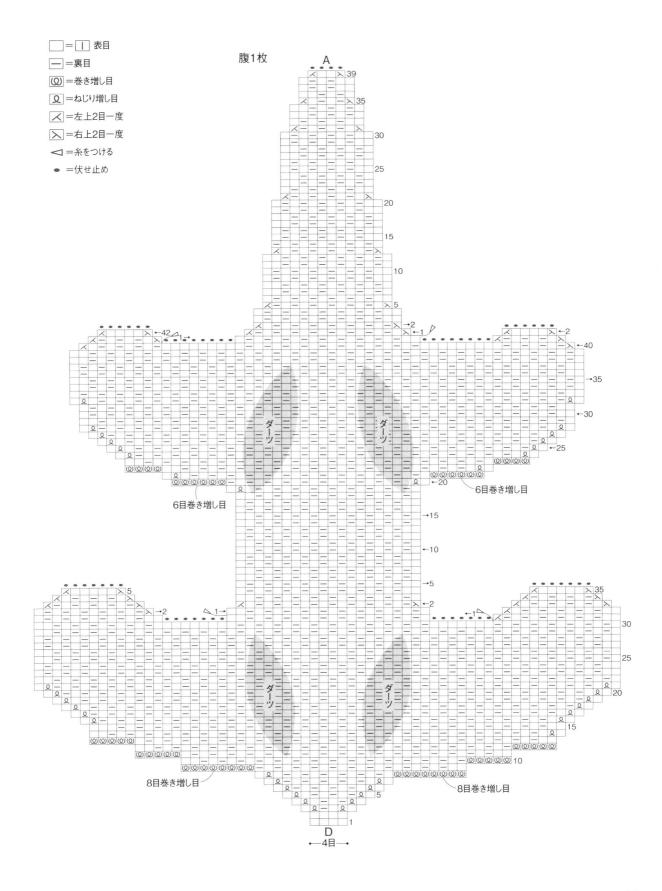

腹1枚

表目
裏目
巻き増し目
ねじり増し目
左上2目一度
右上2目一度
糸をつける
伏せ止め

6目巻き増し目
6目巻き増し目
8目巻き増し目
8目巻き増し目

ダーツ

A
D
4目

側面(左)1枚

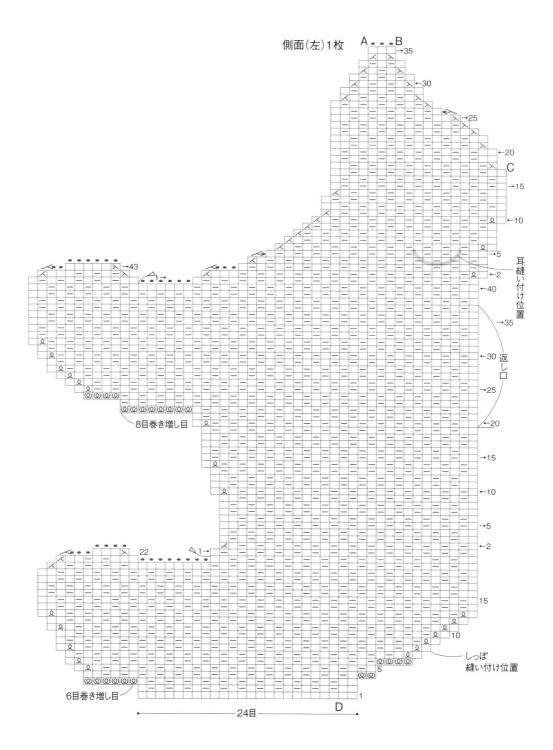

A ● ● ● B
→35
←30
↗
←25
←20
C
→15
←10
→5
耳縫い付け位置
←2
←40
→35
返し口
←30
→25
←20
→15
←10
→5
←2
15
10
しっぽ
縫い付け位置
5
1

→43
←1
8目巻き増し目

22
←1→
15
10
6目巻き増し目
24目
D

側面（右）1枚

B · · · A

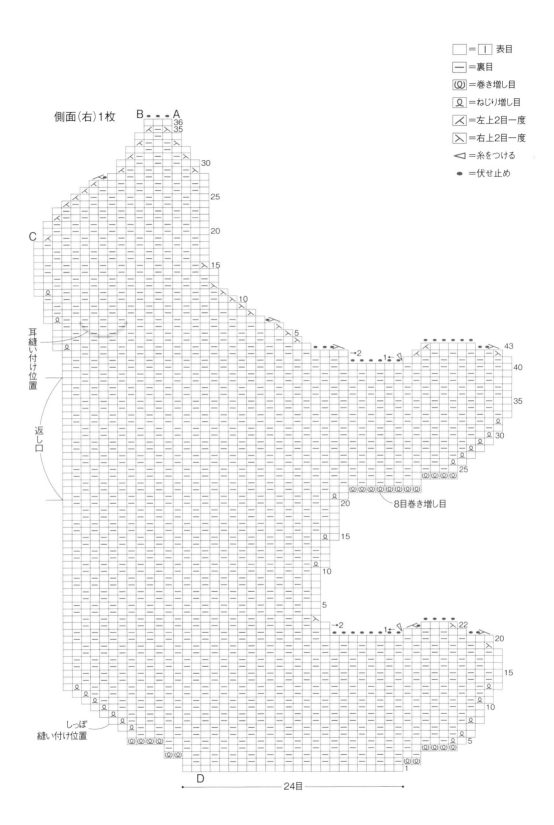

耳縫い付け位置

返し口

しっぽ
縫い付け位置

C

D ←———— 24目 ————→

36
35
30
25
20
15
10
5

→2
1←
43
40
35
30
25
20
15
10
5
1

8目巻き増し目

→2
1←
22
20
15
10

□=|I| 表目
□=— 裏目
(Q)=巻き増し目
Ω=ねじり増し目
人=左上2目一度
人=右上2目一度
◁=糸をつける
●=伏せ止め

75

p.21 ペンギン

糸
　ライトグレー（122）13g、白（304）5g、黒（999）2g

用具
　3号棒針、2/0号かぎ針、ぬいぐるみ用針、縫い針

その他
　つぶわた 18g
　ペレット 50g
　プラスチックアイ 6mm 2個
　カットフェルト（黒）
　ボタン付け糸
　キッチン用水切りネット

ゲージ
　24目×40段

できあがり寸法
　幅10×高さ17.5×奥行8cm

作り方
1. 糸は1本どりで6枚の編み地を作り、頭のダーツを縫い、スチームアイロンをかける。フェルトは切る。
2. 頭〜背中と頭マチを中表に合わせてA〜Bをそれぞれ引き抜きとじにし、そのままCまでとじる。腹は中表に合わせてD〜Eをとじる。頭〜背中と中表にF、Gを合わせて下部を残して周囲をとじる。底と中表に合わせて返し口を残してとじる。表に返す。
3. パーツはフェルティングし、フェルトはもみ洗いして乾かす。
4. くちばしのフェルトを合わせて巻きかがりでとじ、本体に縫い付ける。ネットに入れたペレットとわたを詰め、返し口をコの字とじにする。
5. 目を縫い付け、目の周りに刺しゅうする。足のフェルトを2枚重ねて周囲をブランケットステッチで合わせ、底に縫い付ける。

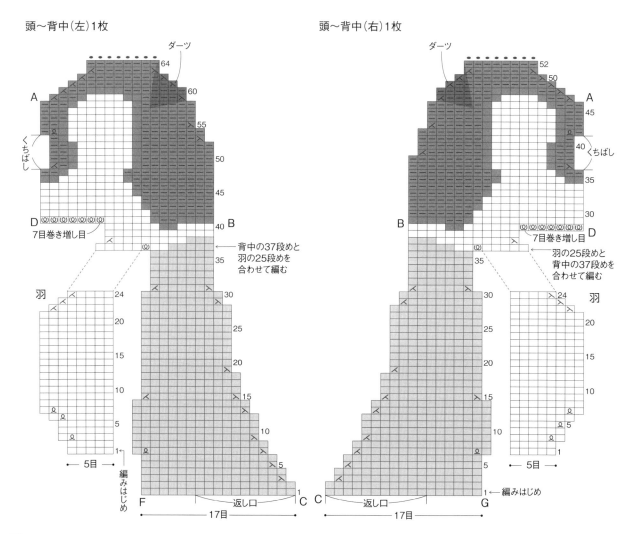

頭〜背中（左）1枚

頭〜背中（右）1枚

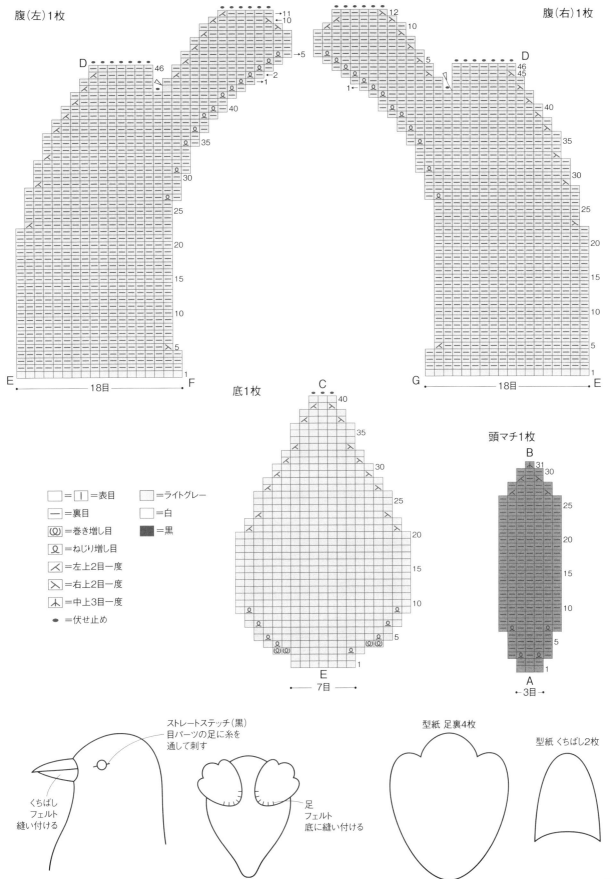

腹（左）1枚

D

E ├─ 18目 ─┤ F

腹（右）1枚

D

G ├─ 18目 ─┤ E

底1枚

C

E

├─ 7目 ─┤

頭マチ1枚

B

A

├3目┤

□ = | = 表目
― = 裏目
(Q) = 巻き増し目
Q = ねじり増し目
✗ = 左上2目一度
✗ = 右上2目一度
人 = 中上3目一度
● = 伏せ止め

□ = ライトグレー
□ = 白
■ = 黒

ストレートステッチ（黒）
目パーツの足に糸を
通して刺す

くちばし
フェルト
縫い付ける

足
フェルト
底に縫い付ける

型紙 足裏4枚

型紙 くちばし2枚

77

p.22 しか

糸
ベージュ（342）12g、テラコッタ（1190）7g、
ナチュラルホワイト（104）4g、黒（999）少量

用具
3号棒針、2/0号かぎ針、ぬいぐるみ用針、縫い針

その他
つぶわた 8g
ペレット 20g（前足 4g×2、後ろ足 6g×2）
プラスチックアイ 6mm 2個
カットフェルト（薄茶）
ボタン付け糸
地巻きワイヤー（♯24）

ゲージ
30目×36段

できあがり寸法
幅 15 ×高さ 13.5 ×奥行 4.5cm

作り方
1. 糸は1本どりで12枚の編み地を作り、スチームアイロンをかける。フェルトは切る。
2. 側面2枚は中表に合わせてA〜Bを引き抜きとじにし、背中を中表に合わせて返し口を残してB〜C、Dまでそれぞれとじる。腹と足（内側）をそれぞれ中表でとじる。側面と中表に合わせて周囲をとじる（足先はあけておく）。表に返す。耳は外表に合わせて周囲をかがりとじにする。
3. パーツはフェルティングし、フェルトはもみ洗いして乾かす。
4. 足先にフェルトを縫い付け、ペレットを入れる。ワイヤーを入れてわたを詰める。返し口をコの字とじにする。
5. 目の位置をボタン付け糸でへこませてから目を縫い付け、目の周り、鼻、口を刺しゅうする。耳をボディに縫い付ける。

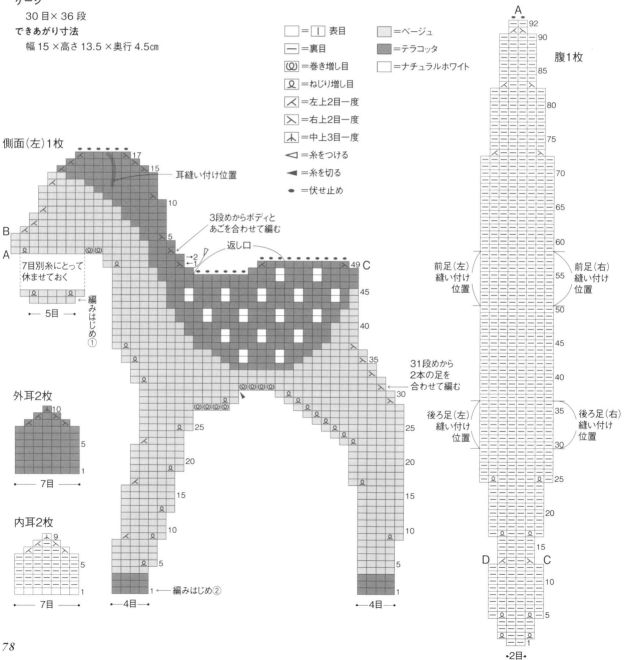

□=|I| 表目
一=裏目
(Q)=巻き増し目
Q=ねじり増し目
入=左上2目一度
入=右上2目一度
木=中上3目一度
◁=糸をつける
◀=糸を切る
●=伏せ止め

□=ベージュ
■=テラコッタ
□=ナチュラルホワイト

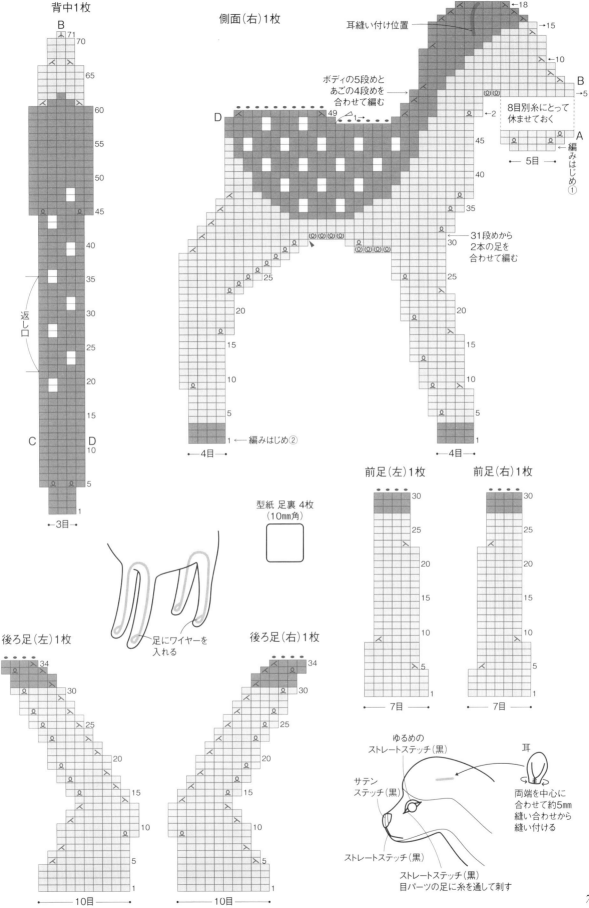

背中1枚

B

71
70

65

60

55

50

45

返し口

40

35

30

25

20

15

C   D

10

5

1

←3目→

側面(右)1枚

耳縫い付け位置

18

←15

←10

B
→5

8目別糸にとって
休ませておく

A
←編みはじめ①

ボディの5段めと
あごの4段めを
合わせて編む

D

49

→2

45

40

35

30

←5目→

31段めから
2本の足を
合わせて編む

25

25

20

20

15

15

10

10

5

5

1 ←編みはじめ②

←4目→

←4目→

型紙 足裏 4枚
(10mm角)

足にワイヤーを
入れる

前足(左)1枚

30

25

20

15

10

5

1

←7目→

前足(右)1枚

30

25

20

15

10

5

1

←7目→

後ろ足(左)1枚

34

30

25

20

15

10

5

1

←10目→

後ろ足(右)1枚

34

30

25

20

15

10

5

1

←10目→

ゆるめの
ストレートステッチ(黒)

耳

両端を中心に
合わせて約5mm
縫い合わせから
縫い付ける

サテン
ステッチ(黒)

ストレートステッチ(黒)

ストレートステッチ(黒)
目パーツの足に糸を通して刺す

p.23 キツネ

糸
　オレンジ (478) 21g、ナチュラルホワイト (104) 10g、
　黒 (999) 少量

用具
　3号棒針、2/0号かぎ針、ぬいぐるみ用針、縫い針

その他
　つぶわた 25g
　ペレット 20g (足 5g × 4)
　グラスアイ (ブルー) 8㎜ 2個
　ボタン付け糸
　コーティング糸 (TOHO Amiet、白)

ゲージ
　模様編み 28目 × 38段
　メリヤス編み 26目 × 36段

できあがり寸法
　幅 28 ×高さ 12 ×奥行 6㎝

作り方
1. 糸は1本どりで8枚の編み地を作り、スチームアイロンをかける。
2. 側面2枚は中表に合わせてA～Bを引き抜きとじにし、頭マチ～しっぽ(表)を中表に合わせて返し口を残してB～C、Dまでそれぞれとじる。腹と中表に合わせて周囲をとじる。耳も中表に合わせて返し口を残してとじる。表に返す。
3. パーツをフェルティングして乾かす。
4. 足先にペレットを入れ、わたを詰める。返し口をコの字とじにする。腹のダーツを縫う。
5. 目の位置をボタン付け糸でへこませてから目を付け、目の周り、鼻、口、つめを刺しゅうする。耳に刺しゅうをしてから、ボディに縫い付ける。ひげを付け、しっぽの先を起毛させる。

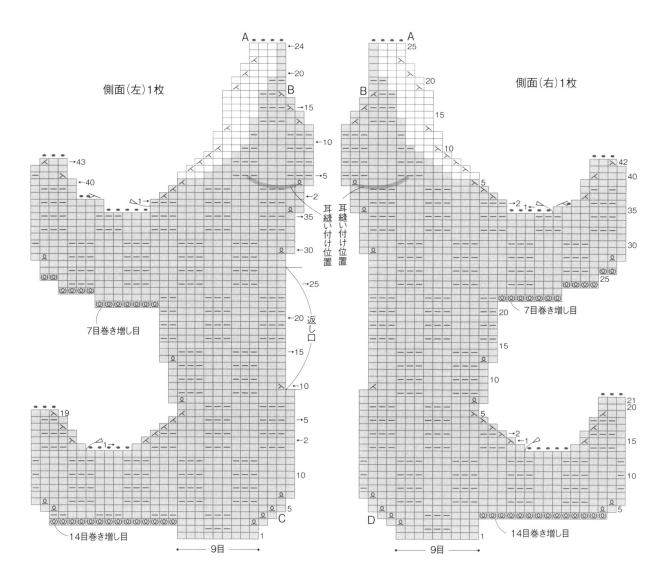

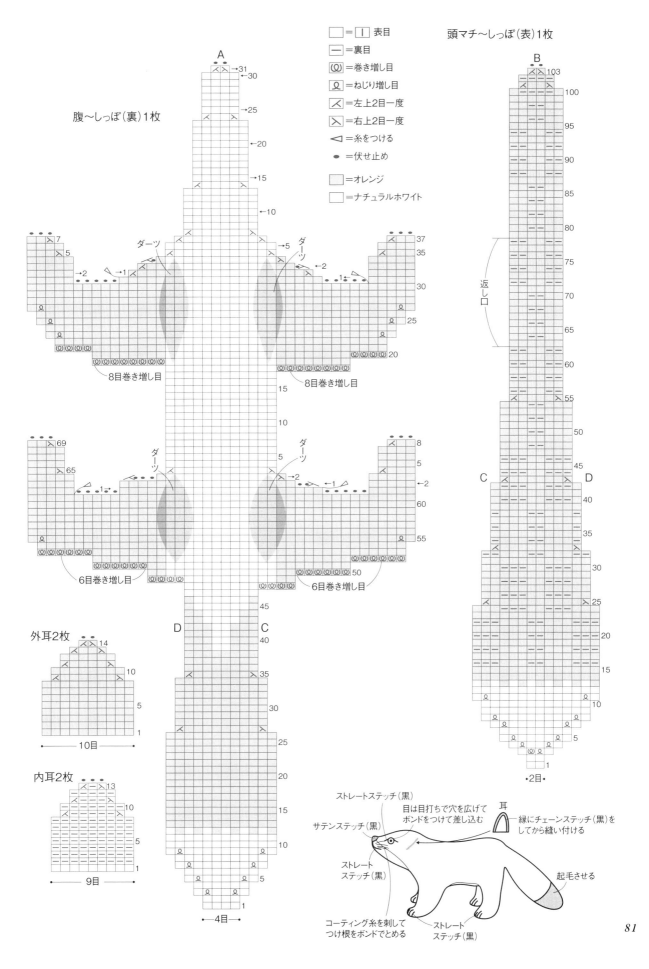

記号説明

□ = |I| 表目
─ = 裏目
(Q) = 巻き増し目
Q = ねじり増し目
✗ = 左上2目一度
✗ = 右上2目一度
◁ = 糸をつける
● = 伏せ止め

（オレンジ色）= オレンジ
□ = ナチュラルホワイト

頭マチ〜しっぽ(表)1枚

腹〜しっぽ(裏)1枚

ダーツ

8目巻き増し目

6目巻き増し目

外耳2枚
10目

内耳2枚
9目

4目

返し口

ストレートステッチ(黒)
目は目打ちで穴を広げて
ボンドをつけて差し込む
サテンステッチ(黒)
ストレート
ステッチ(黒)
コーティング糸を刺して
つけ根をボンドでとめる
ストレート
ステッチ(黒)
耳
縁にチェーンステッチ(黒)
をしてから縫い付ける
起毛させる

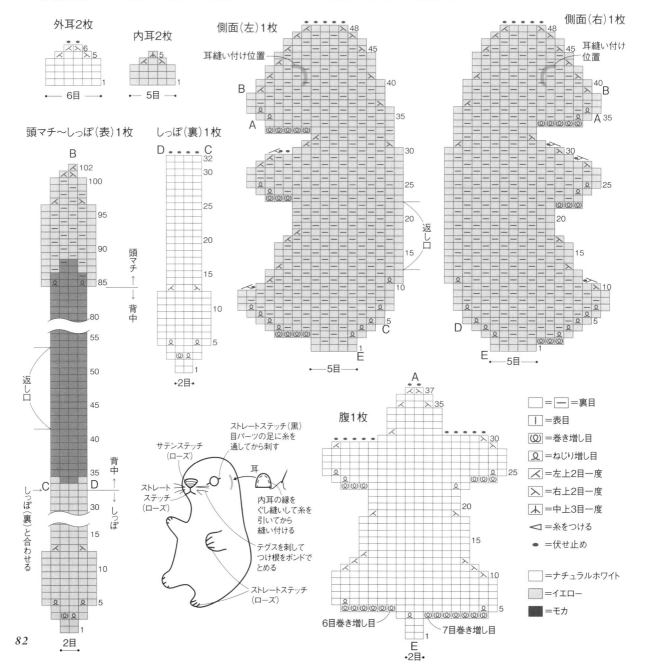

p.23 ヤマネ

糸

　イエロー（375）6g、ナチュラルホワイト（104）3g、

　モカ（890）2ｇ、ローズ（550）少量

用具

　3号棒針、2/0号かぎ針、ぬいぐるみ用針、縫い針

その他

　つぶわた3g　ペレット20g

　プラスチックアイ6㎜2個　ボタン付け糸

　キッチン用水切りネット　テグス

ゲージ

　模様編み 36目×40段　メリヤス編み 26目×36段

できあがり寸法

　幅（後ろ足先～しっぽ先）13×高さ10×奥行5㎝

作り方

1. 糸は1本どりで9枚の編み地を作り、スチームアイロンをかける。

2. 頭マチ～しっぽ（表）としっぽ（裏）を中表に合わせてC～しっぽの先～Dを引き抜きとじにし、表に返す。側面の2枚を中表に合わせてA～Bをとじ、頭マチ～しっぽを中表に合わせて返し口を残してC、Dまでとじる。腹も中表に合わせて周囲をとじ、表に返す。

3. パーツをフェルティングして乾かす。

4. 足先からわたを詰め、底に薄くわたを詰める。ネットに入れたペレットをボディに入れ、わたを詰める。返し口をコの字とじにする。

5. 外耳の裏目側と内耳の表目側を合わせて周囲を巻きかがりでとじ、内耳の縁をぐし縫いして糸を引いてからボディに縫い付ける。目の位置をボタン付け糸でへこませてから目を縫い付け、目の周り、鼻、口、つめを刺しゅうする。ひげを付ける。

82

p.24 ろば

糸
グレーベージュ（119）16g、ナチュラルホワイト（104）6g、
チャコールグレー（101）10g、黒（999）少量

用具
3号棒針、2/0号かぎ針、ぬいぐるみ用針、縫い針

その他
つぶわた 20g
ペレット 26g（前足 6g × 2、後ろ足 7g × 2）
プラスチックアイ 10mm 2個
ボタン付け糸

ゲージ
模様編み 20目 × 28段
メリヤス編み 26目 × 36段

できあがり寸法
幅18.5 ×高さ15 ×奥行 6.5cm

作り方
1. 糸は1本どりで8枚の編み地を作り、側面のダーツを縫い、スチームアイロンをかける。
2. 側面2枚と頭マチを中表に合わせてA〜Bまでそれぞれ引き抜きとじにし、そのまま返し口を残してCまでとじる。腹と中表に合わせて周囲をとじる。耳も中表に合わせて返し口を残してとじる。表に返す。
3. パーツをフェルティングして乾かす。
4. 足先にペレットを入れてわたを詰める。返し口をコの字とじにする。腹のダーツを縫う。
5. 目の位置をボタン付け糸でへこませてから目を縫い付け、目の周り、鼻を刺しゅうする。耳をボディに縫い付ける。しっぽとたてがみ（P.47参照）を作り、ボディに縫い付ける。

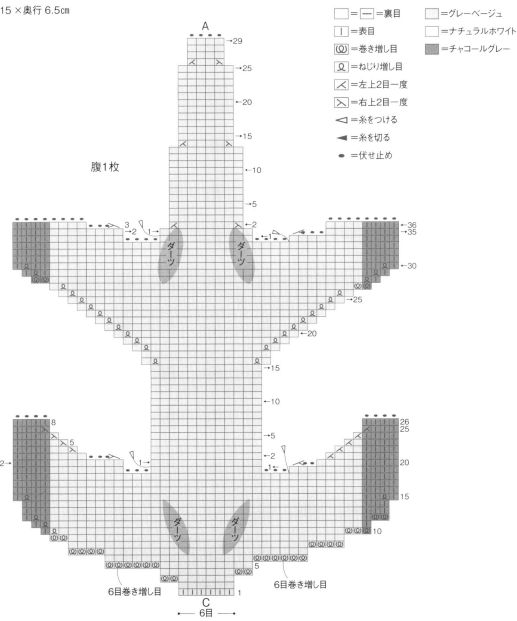

腹1枚

記号：
□ = — = 裏目
│ = 表目
Ⓠ = 巻き増し目
Ω = ねじり増し目
╱ = 左上2目一度
╲ = 右上2目一度
◁ = 糸をつける
◀ = 糸を切る
● = 伏せ止め

□ = グレーベージュ
□ = ナチュラルホワイト
▨ = チャコールグレー

6目巻き増し目
6目巻き増し目
C
← 6目 →

83

側面（左）1枚

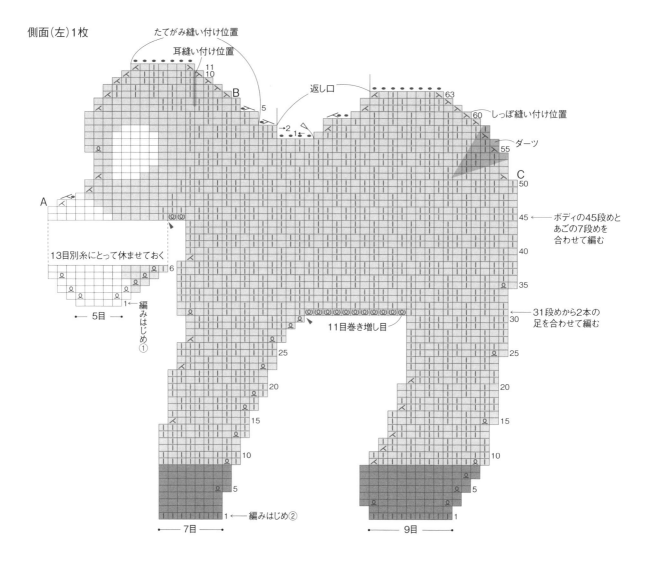

たてがみ縫い付け位置
耳縫い付け位置

11
10

B

→5

返し口

→2
→1

63

60
しっぽ縫い付け位置

ダーツ

C
50

45 ← ボディの45段めと
　　あごの7段めを
　　合わせて編む

40

A

13目別糸にとって休ませておく

←5目→

編みはじめ①

6

35

31段めから2本の
足を合わせて編む

30

11目巻き増し目

25

25

20

20

15

15

10

10

5

5

1 ← 編みはじめ②

←7目→

←9目→

頭マチ1枚

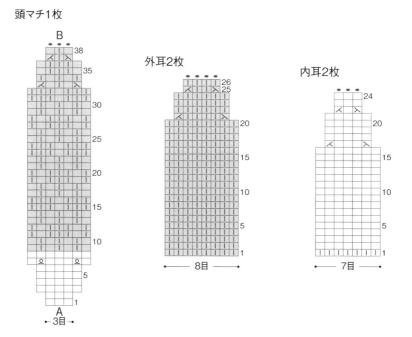

B

38

35

30

25

20

15

10

5

A
←3目→

1

外耳2枚

26
25

20

15

10

5

1

←8目→

内耳2枚

24

20

15

10

5

1

←7目→

84

側面（右）1枚

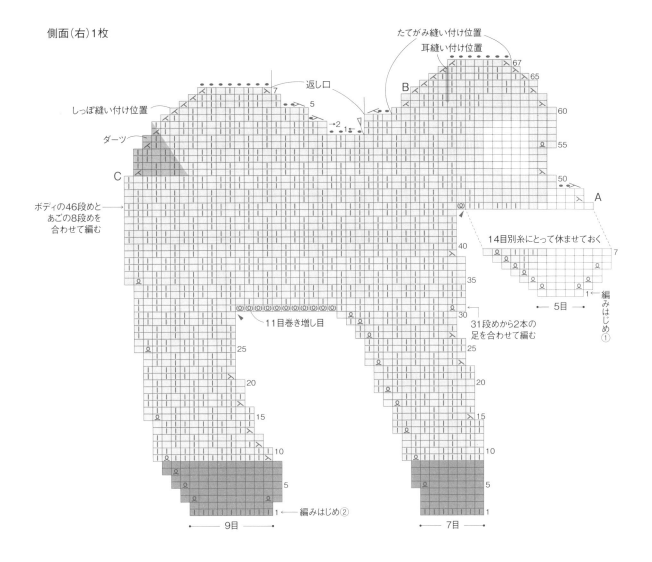

たてがみ縫い付け位置
耳縫い付け位置

返し口

しっぽ縫い付け位置

ダーツ

C

B

67
65

60

55

50

A

ボディの46段めと
あごの8段めを
合わせて編む

14目別糸にとって休ませておく

7

40

35

30

11目巻き増し目

5目

編みはじめ①

31段めから2本の
足を合わせて編む

25

25

20

20

15

15

11 10

10

5

5

9目

編みはじめ② 1

1

7目

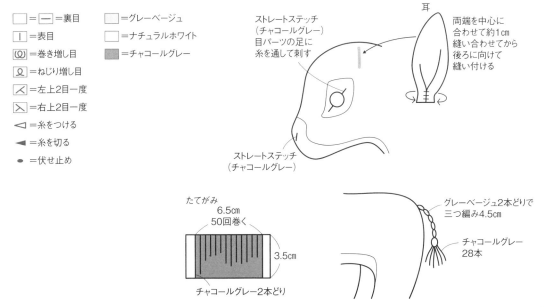

□ = ─ =裏目
│ =表目
Ⓠ =巻き増し目
Ω =ねじり増し目
╱ =左上2目一度
╲ =右上2目一度
◁ =糸をつける
◀ =糸を切る
• =伏せ止め

□ =グレーベージュ
□ =ナチュラルホワイト
▨ =チャコールグレー

ストレートステッチ
（チャコールグレー）
目パーツの足に
糸を通して刺す

ストレートステッチ
（チャコールグレー）

耳

両端を中心に
合わせて約1cm
縫い合わせてから
後ろに向けて
縫い付ける

たてがみ
6.5cm
50回巻く

3.5cm

チャコールグレー2本どり

グレーベージュ2本どりで
三つ編み4.5cm

チャコールグレー
28本

85

p.25 **アナグマ**

糸
　黒（999）17g、ダークグレー（123）10g、
　ナチュラルホワイト（104）5g

用具
　3号棒針、2/0号かぎ針、ぬいぐるみ用針、
　縫い針

その他
　つぶわた 15g
　ペレット 20g（足 5g × 4）
　プラスチックアイ 8mm 2個
　ボタン付け糸

ゲージ
　模様編み 26目 × 45段
　メリヤス編み 26目 × 36段

できあがり寸法
　幅 21 × 高さ 12.5 × 奥行 7.5cm

作り方
1. 糸は1本どりで8枚の編み地を作り、スチームアイロンをかける。
2. 側面2枚を中表に合わせてA～Bを引き抜きとじにし、頭マチ～しっぽ（表）を中表に合わせ、返し口を残してB～C、Dまでそれぞれとじる。腹～しっぽ（裏）と中表に合わせて周囲をとじる。耳は中表に合わせて返し口を残してとじる。表に返す。
3. パーツをフェルティングして乾かす。
4. 足先にペレットを入れてわたを詰める。返し口をコの字とじにする。腹のダーツを縫う。
5. 目の位置をボタン付け糸でへこませてから目を縫い付け、鼻、口、つめを刺しゅうする。耳の返し口を巻きかがりでとじ、内耳の縁をぐし縫いして糸を引いてからボディに縫い付ける。

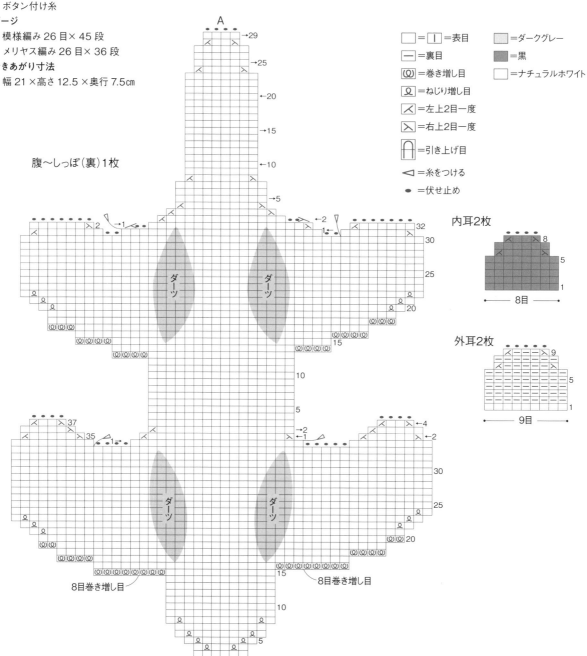

腹～しっぽ（裏）1枚

内耳 2枚
　8目

外耳 2枚
　9目

記号説明：
　□ = |（表目）
　— = 裏目
　⦿ = 巻き増し目
　Ω = ねじり増し目
　＼ = 左上2目一度
　／ = 右上2目一度
　⊓ = 引き上げ目
　◁ = 糸をつける
　● = 伏せ止め
　（グレー）= ダークグレー
　（黒）= 黒
　□ = ナチュラルホワイト

8目巻き増し目

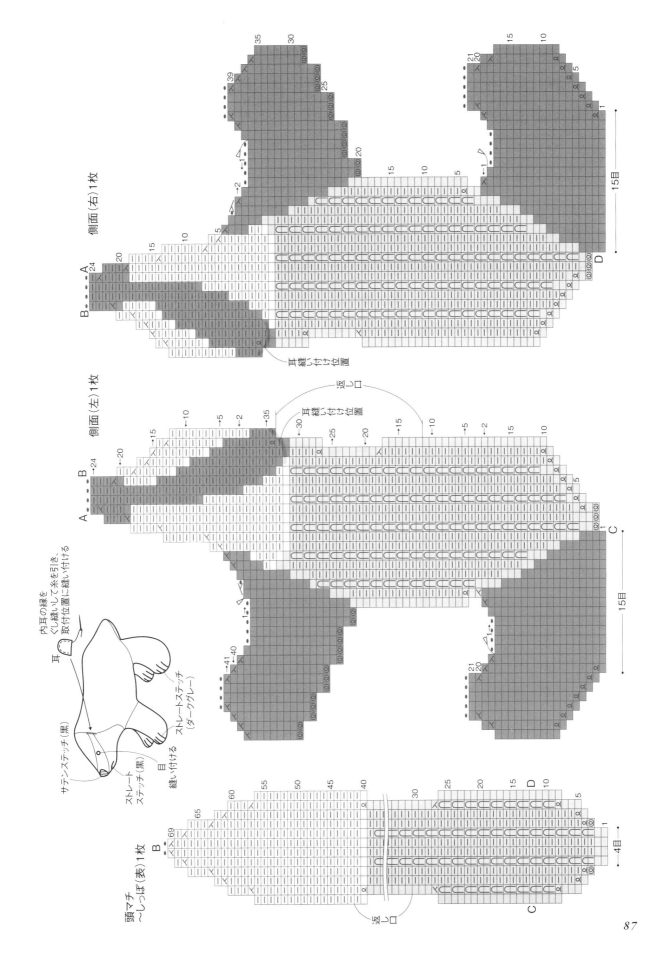

側面（右）1枚

側面（左）1枚

頭マチ
～しっぽ（表）1枚

耳縫い付け位置

返し口

耳縫い付け位置

内耳の縁を
ぐし縫いして糸を引き、
取付け位置に縫い付ける

耳

サテンステッチ（黒）

ストレートステッチ
（ダークグレー）

目
縫い付ける

ストレート
ステッチ（黒）

15目

4目

p.28 ヒョウ

材料

イエロー（375）15g、エスプレッソ（970）6g、
ココア（870）3g、コーラルピンク（540）少量

用具

3号棒針、2/0号かぎ針、ぬいぐるみ用針、縫い針

その他

つぶわた 19g
ペレット 35g
プラスチックアイ 6mm 2個
カットフェルト（白）
ボタン付け糸

ゲージ

28目× 32段

できあがり寸法

幅 11 ×高さ 17 ×奥行 10.5cm

作り方

1. 糸は1本どりで9枚の編み地を作り、側面のダーツを縫い、スチームアイロンをかける。フェルトは切る。

2. 側面の2枚を中表に合わせ、返し口を残してA～背中側～Bを引き抜きとじにする。腹と中表に合わせ、周囲をとじる。耳としっぽも中表に合わせ、返し口を残してとじる。表に返す。

3. パーツはフェルティングし、フェルトはもみ洗いして乾かす。

4. 前足にわたを詰める。ボディにペレットを入れてからわたを詰め、返し口をコの字とじにする。腹のダーツを縫う。目の位置をボタン付け糸でへこませてから目を縫い付け、白目のフェルトをはる。鼻、口、つめを刺しゅうする。

5. 耳の縁を刺しゅうし、返し口をぐし縫いして糸を引いてからボディに縫い付ける。しっぽをボディに縫い付ける。

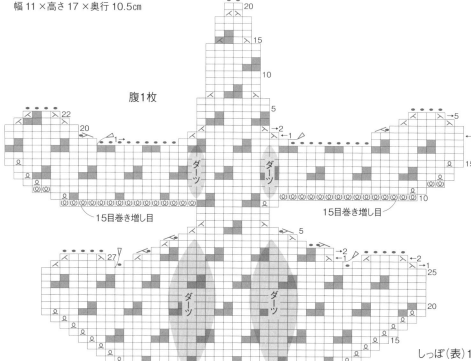

A

腹1枚

15目巻き増し目

ダーツ

←4目→ B

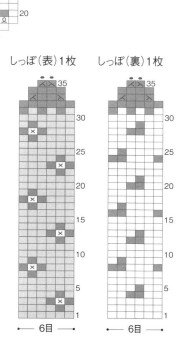

しっぽ（表）1枚　　しっぽ（裏）1枚

内耳2枚

←8目→

外耳2枚

←10目→

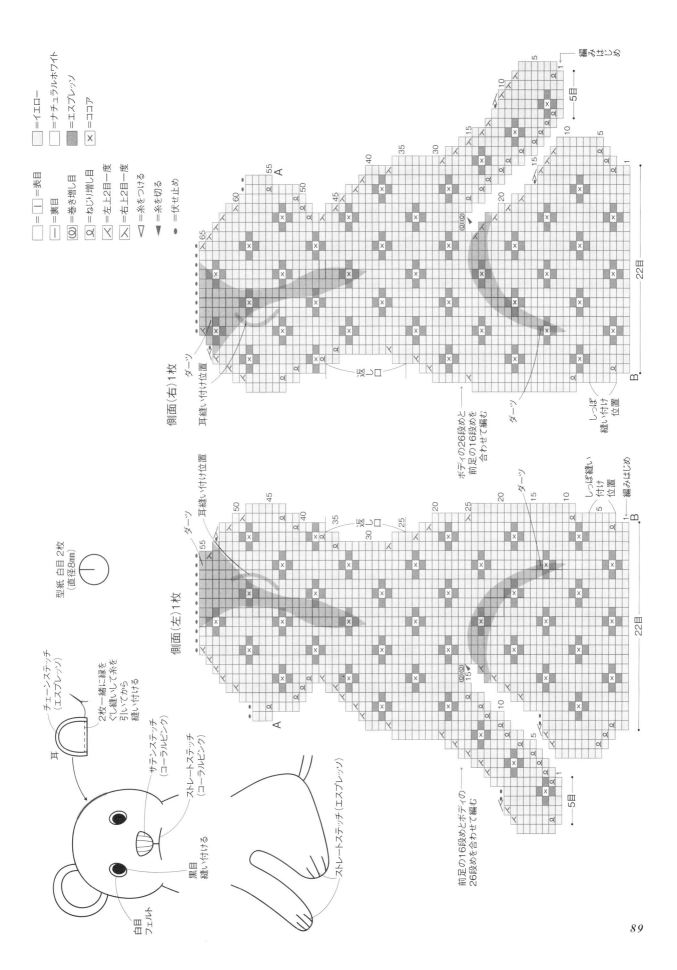

凡例:
□ = □ =表目
□ = □ =裏目
◎ = ◎ =巻き増し目
○ = ○ =ねじり増し目
╱ = ╱ =左上2目一度
╲ = ╲ =右上2目一度
◁ = ◁ =糸をつける
▶ = ▶ =糸を切る
• = • =伏せ止め

□ =イエロー
□ =ナチュラルホワイト
▨ =エスプレッソ
⊠ =ココア

型紙 白目 2枚
(直径8mm)

チェーンステッチ
(エスプレッソ)

耳
2枚一緒に縁を
ぐし縫いして糸を
引いてから
縫い付ける

サテンステッチ
(コーラルピンク)

ストレートステッチ
(コーラルピンク)

白目
フェルト

黒目
縫い付ける

ストレートステッチ(エスプレッソ)

側面(左)1枚

耳縫い付け位置
ダーツ

返し口

しっぽ縫い
付け
位置
編みはじめ

前足の16段めとボディの
26段めを合わせて編む

側面(右)1枚

耳縫い付け位置
ダーツ

返し口

ダーツ

しっぽ
縫い付け
位置

ボディの26段めと
前足の16段めを
合わせて編む

編みはじめ

89

p.29 ライオン

糸

ベージュ（342）41g、テラコッタ（1190）16g、
ナチュラルホワイト（104）2g、黒（999）少量、
コーラルピンク（540）少量

用具

3号棒針、2/0号かぎ針、ぬいぐるみ用針、縫い針

その他

つぶわた 30g

ペレット 50g（ボディ 20g、前足 5g×2、後ろ足 10g×2）

キャッツアイ（ブルーパール）9mm 2個

プラスチックジョイント 30mm 1個

ボタン付け糸

キッチン用水切りネット

ゲージ 28目×40段

できあがり寸法 幅19×高さ15×奥行9.5cm

作り方

1. 糸は1本どりで11枚の編み地を作り、側面のダーツを縫い、スチームアイロンをかける。
2. 頭2枚を中表に合わせてA〜Bを引き抜きとじにし、頭マチを中表に合わせてB〜C、Dまでそれぞれとじる。側面の2枚を中表に合わせてジョイント口と返し口を残してE〜Fをとじ、腹と中表に合わせて周囲をとじる。耳は中表にして返し口を残してとじる。しっぽは中表の縦半分に折って返し口を残してとじ、編み終わりの目に糸を通して引き絞る。表に返す。
3. パーツをフェルティングして乾かす。
4. 頭にわたを詰め、ジョイントを入れて返し口をとじる。目の位置をボタン付け糸でへこませてから目を付ける。目のまわり、鼻、口を刺しゅうする。耳を縫い付ける。
5. 足にペレットを入れ、わたを詰める。腹にわたを薄く入れてからネットに入れたペレットを入れ、わたを詰める。頭をボディに差し込んで固定し、返し口をコの字とじにする。腹のダーツを縫う。しっぽを縫い付け、たてがみを作って（P.47参照）頭に縫い付ける。つめを刺しゅうし、しっぽの先を起毛させる。

外耳（右）1枚　　外耳（左）1枚　　内耳（右）1枚　　内耳（左）1枚

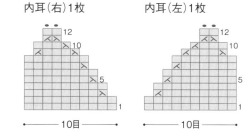

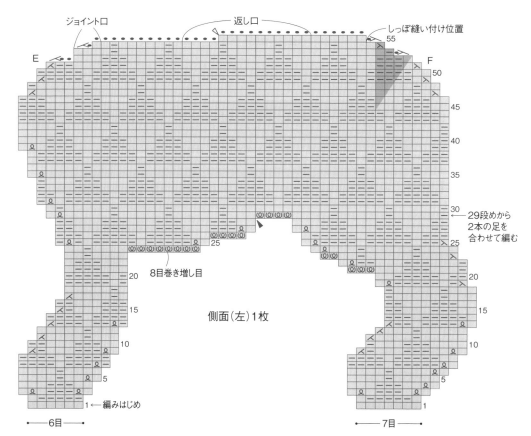

側面（左）1枚

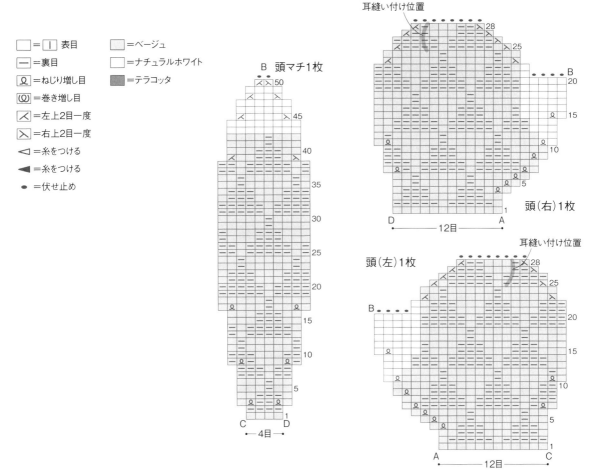

記号説明:
□ = [I] 表目
− = 裏目
Ϙ = ねじり増し目
Ϙ = 巻き増し目
⟋ = 左上2目一度
⟍ = 右上2目一度
◁ = 糸をつける
◀ = 糸をつける
• = 伏せ止め

□ = ベージュ
□ = ナチュラルホワイト
■ = テラコッタ

B 頭マチ1枚
4目

耳縫い付け位置
頭(右)1枚
12目
D · A

頭(左)1枚
耳縫い付け位置
B ·
12目
A · C

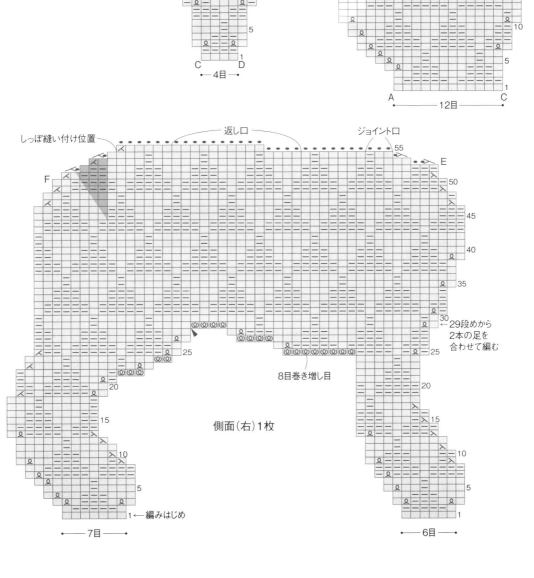

しっぽ縫い付け位置
返し口
ジョイント口
F
E
側面(右)1枚
29段めから
2本の足を
合わせて編む
8目巻き増し目
編みはじめ
7目
6目

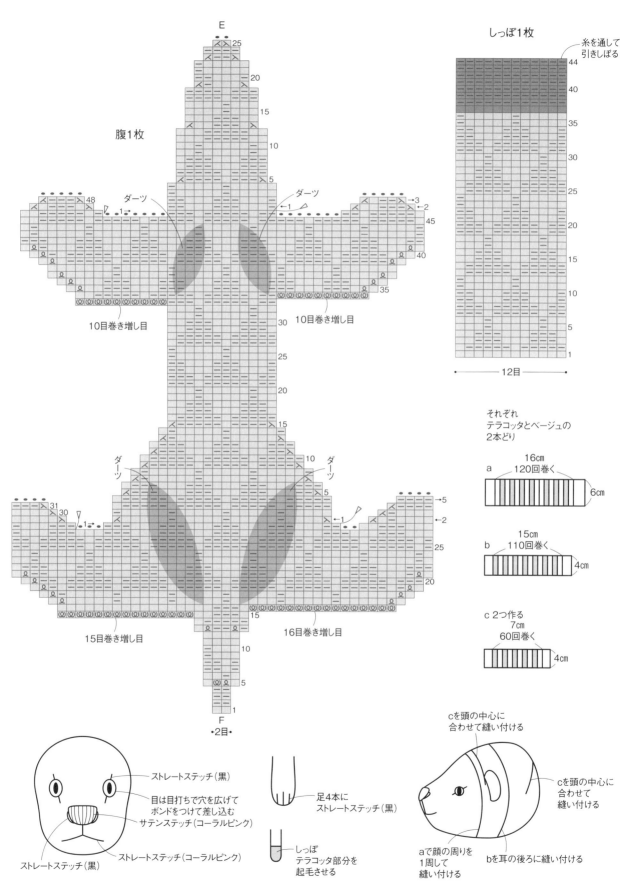

E

しっぽ1枚

糸を通して
引きしぼる

腹1枚

ダーツ

ダーツ

10目巻き増し目

10目巻き増し目

ダーツ

ダーツ

15目巻き増し目

16目巻き増し目

F
•2目•

12目

それぞれ
テラコッタとベージュの
2本どり

16cm
a　120回巻く
6cm

15cm
b　110回巻く
4cm

c 2つ作る
7cm
60回巻く
4cm

ストレートステッチ（黒）

目は目打ちで穴を広げて
ボンドをつけて差し込む

サテンステッチ（コーラルピンク）

ストレートステッチ（黒）

ストレートステッチ（コーラルピンク）

足4本に
ストレートステッチ（黒）

しっぽ
テラコッタ部分を
起毛させる

cを頭の中心に
合わせて縫い付ける

cを頭の中心に
合わせて
縫い付ける

aで顔の周りを
1周して
縫い付ける

bを耳の後ろに縫い付ける

92

糸
　マスタード（230）15g、黒（999）10g、
　ナチュラルホワイト（104）9g、コーラルピンク（540）少量

用具
　3号棒針、2/0号かぎ針、ぬいぐるみ用針、縫い針

その他
　つぶわた 23g
　ペレット 45g（ボディ 20g、足 5g×4、しっぽ 5g）
　プラスチックアイ（グリーン）10.5mm 2個
　プラスチックジョイント 30mm 1個
　ボタン付け糸
　コーティング糸（TOHO Amiet、白）
　キッチン用水切りネット
　色えんぴつ（ピンク）

ゲージ
　28目×36段

できあがり寸法
　幅 23×高さ 10.5×奥行 9.5cm

作り方
1. 糸は1本どりで11枚の編み地を作り、背中のダーツを縫い、スチームアイロンをかける。
2. 頭2枚を中表に合わせてA～Bを引き抜きとじにし、頭マチを中表に合わせてB～C、Dまでそれぞれとじる。背中の2枚を中表に合わせてジョイント口と返し口を残してE～Fをとじ、腹と中表に合わせて周囲をとじる。耳は中表に合わせて返し口を残してとじる。しっぽは中表の縦半分に折って返し口を残してとじる。表に返す。
3. パーツをフェルティングして乾かす。
4. 頭にわたを詰め、ジョイントを入れて返し口をとじる。目の位置をボタン付け糸でへこませてから目を縫い付ける。目のまわり、鼻、口を刺しゅうし、ひげをつける。耳を縫い付ける。
5. 足にペレットとわたを詰める。腹にわたを薄く入れてからネットに入れたペレットを入れ、わたを詰める。頭をボディに差し込んで固定し、返し口をコの字とじにする。しっぽを縫い付け、つめを刺しゅうする。好みで内耳を色えんぴつで着色する。

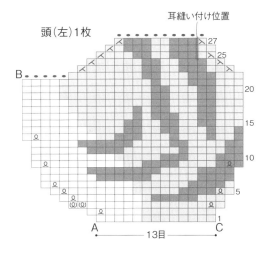

頭（左）1枚

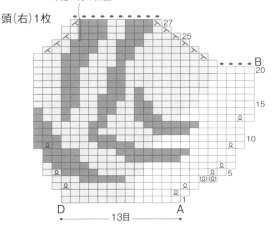

頭（右）1枚

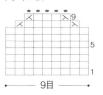

外耳2枚

内耳2枚

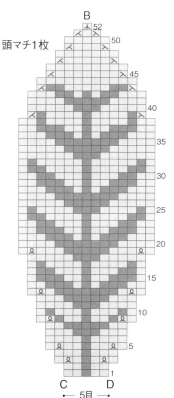

頭マチ1枚

□＝｜ 表目　　□＝マスタード
―＝ 裏目　　■＝黒
(Q)＝巻き増し目　　□＝ナチュラルホワイト
Q＝ねじり増し目
／＝左上2目一度
＼＝右上2目一度
●＝伏せ止め

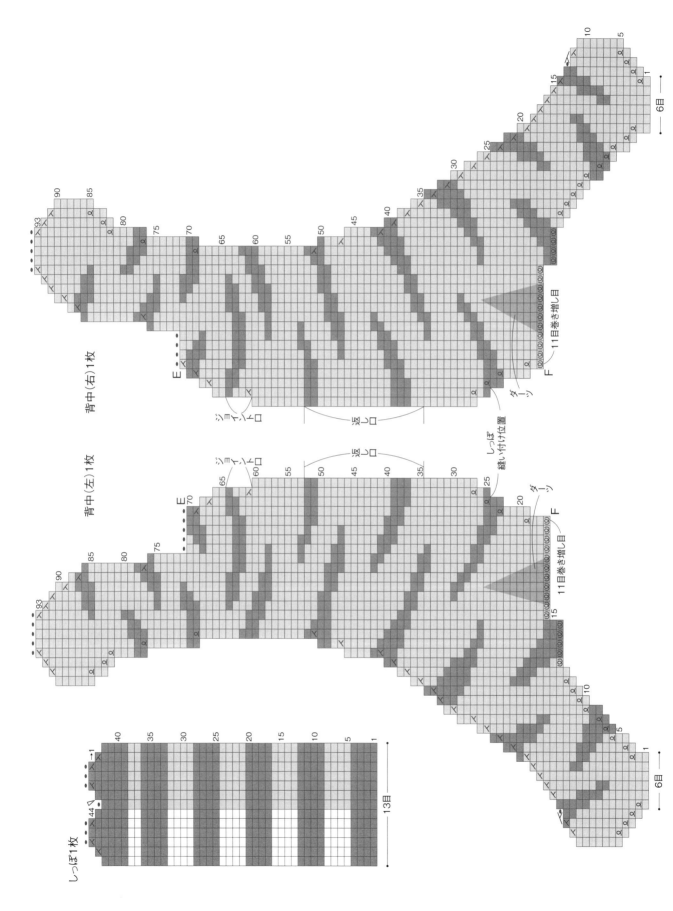

背中(右)1枚

背中(左)1枚

しっぽ1枚

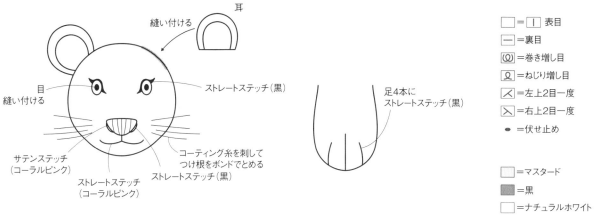

耳
縫い付ける

目
縫い付ける

ストレートステッチ（黒）

サテンステッチ
（コーラルピンク）

ストレートステッチ
（コーラルピンク）

ストレートステッチ（黒）

コーティング糸を刺して
つけ根をボンドでとめる

足4本に
ストレートステッチ（黒）

□=[|] 表目
—=裏目
[Ⓞ]=巻き増し目
[♀]=ねじり増し目
[╱]=左上2目一度
[╲]=右上2目一度
•=伏せ止め

□=マスタード
■=黒
□=ナチュラルホワイト

腹1枚

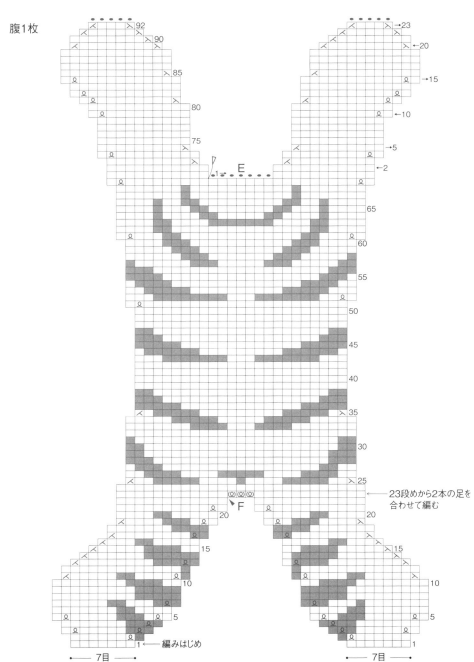

23段めから2本の足を
合わせて編む

←7目→   ←7目→

95

p.31 スカンク

糸
黒（999）21g、白（304）10g、
コーラルピンク（540）少量

用具
3 号棒針、2/0 号かぎ針、ぬいぐるみ用針、縫い針

その他
つぶわた 27g
ペレット 20g（足 5g × 4）
プラスチックアイ 8mm 2 個
カットフェルト（白）
ボタン付け糸
ボーン芯 *（ハードタイプ、幅 9mm）25cm
＊ボーン芯は細いワイヤーの入ったテープです。手
　芸店で取り扱っています。

ゲージ
模様編み 34 目× 40 段
メリヤス編み 26 目× 36 段

できあがり寸法
幅 24.5 ×高さ 24 ×奥行 7.5cm

作り方
1. 糸は 1 本どりで 8 枚の編み地を作り、スチームアイロンをかける。フェルトは切る。
2. 側面 2 枚を中表に合わせて A ～ B を引き抜きとじにする。背中～しっぽ（表）を中表に合わせ、返し口を残して B ～ C、D までそれぞれとじる。腹と中表に合わせて周囲をとじる。耳は中表に合わせて返し口を残してとじる。表に返す。
3. パーツはフェルティングし、フェルトはもみ洗いして乾かす。
4. 足先にペレットを入れてわたを詰める。背中としっぽにボーン芯の両端を縫い付け、わたを詰める。返し口をコの字とじにする。腹のダーツを縫う。
5. 目の位置をボタン付け糸でへこませてから目を縫い付け、白目のフェルトをはる。顔の模様、鼻、口、つめを刺しゅうする。耳は内耳の縁をぐし縫いして糸を引いてからボディに縫い付ける。

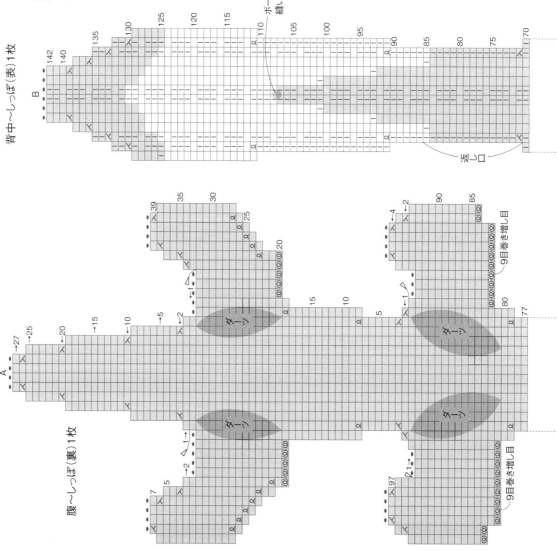

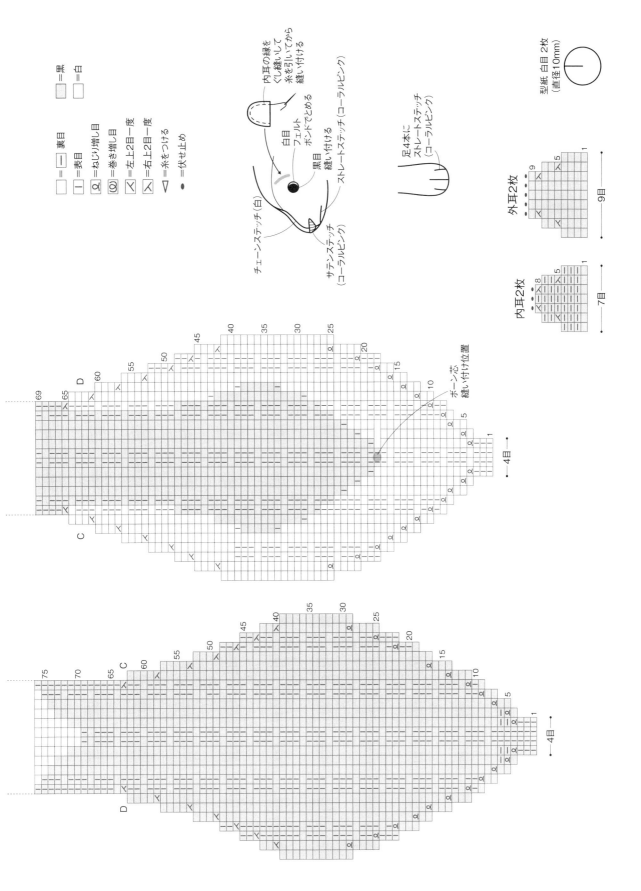

型紙 白目 2枚
(直径10mm)

=黒
=白

=裏目
=表目
Ｑ=ねじり増し目
◎=巻き増し目
人=左上2目一度
入=右上2目一度
◁=糸をつける
●=伏せ止め

内耳の縁を
ぐし縫いして
糸を引いてから
縫い付ける

白目
フェルト
ボンドでとめる

黒目
縫い付ける

チェーンステッチ(白)

サテンステッチ
(コーラルピンク)

ストレートステッチ(コーラルピンク)

足4本に
ストレートステッチ
(コーラルピンク)

外耳2枚

内耳2枚

ボーン芯
縫い付け位置

97

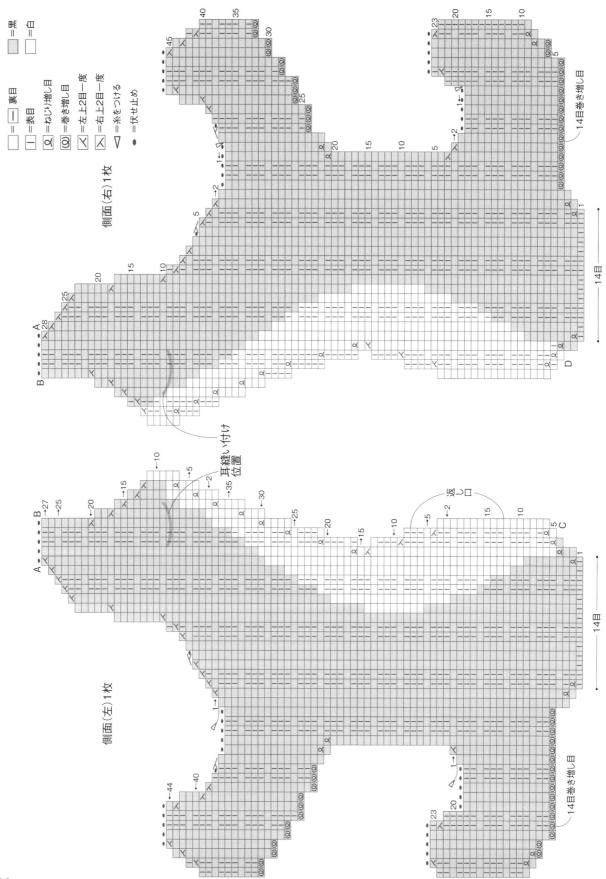

側面（右）1枚

側面（左）1枚

耳縫い付け
位置

＝黒
＝白

＝裏目
｜＝表目
Q＝ねじり増し目
Ⓠ＝巻き増し目
人＝左上2目一度
入＝右上2目一度
◁＝糸をつける
●＝伏せ止め

14目巻き増し目

14目

14目

14目巻き増し目

返し口

p.32 ナマケモノ

糸
　グレー（125）35g、ナチュラルホワイト（104）5g、
　エスプレッソ（970）少量、
　〔長谷川商店〕SEIKA（極細モヘア）スモークグレー（18）10g、
　SEIKA パステルイエロー（21）2g

用具
　3号棒針、2/0号かぎ針、ぬいぐるみ用針、縫い針

その他
　つぶわた 40g
　ペレット 70g
　プラスチックアイ 8mm 2個
　ボタン付け糸

ゲージ
　模様編み 24目 36段
　メリヤス編み 22目× 38段

できあがり寸法
　幅 20 ×高さ 16 ×奥行 10.5cm

作り方
1. 糸は指定の糸、本数で12枚の編み地を作り、スチームアイロンをかける。
2. 背中2枚と頭マチを中表に合わせてA（C）〜Bを引き抜きとじにし、そのままDまでとじる。腹2枚は中表に合わせて返し口を残してD〜Eをとじる。背中と中表に合わせて手足の先を残して周囲をとじる。つめは外表の縦半分に折って巻きかがりとじし、手足に差し込んで縫い付ける。しっぽは外表に合わせ巻きかがりとじする。表に返す。
3. パーツはフェルティングして乾かす。顔に口の編み地を縫い付ける。
4. 手足の先からボディにわたを詰める。腹にわたを薄く入れてからペレットを入れ、わたを詰める。返し口をコの字とじにする。
5. 目を縫い付け、鼻と口を刺しゅうする。

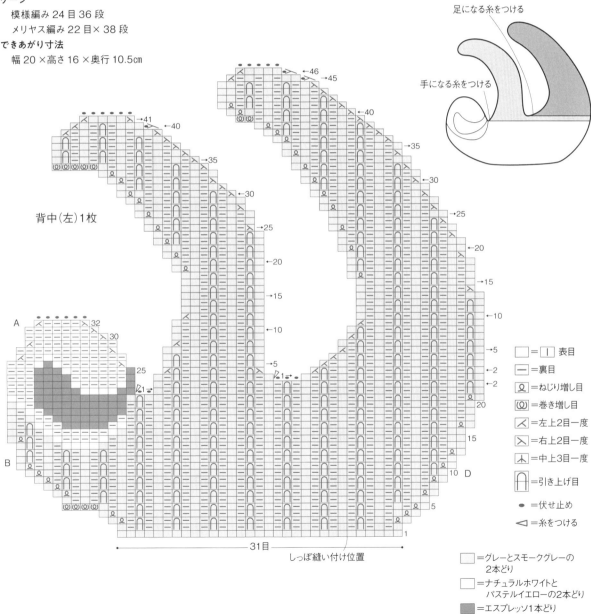

背中（左）1枚

足になる糸をつける

手になる糸をつける

←46 ←45 ←41 ←40 →35 ←30 →25 ←20 →15 ←10 →5 →2 ←2
→40 →35 →30 →25 ←20 →15 ←10 →5 →1 ←1
A 32 30 25 21 1
B
20 15 10 D 5 1

←31目→

しっぽ縫い付け位置

□＝｜	表目
＝ー	裏目
Ｑ	ねじり増し目
(Q)	巻き増し目
╱	左上2目一度
╲	右上2目一度
人	中上3目一度
∩	引き上げ目
●	伏せ止め
◁	糸をつける

□＝グレーとスモークグレーの
2本どり

□＝ナチュラルホワイトと
パステルイエローの2本どり

■＝エスプレッソ1本どり

99

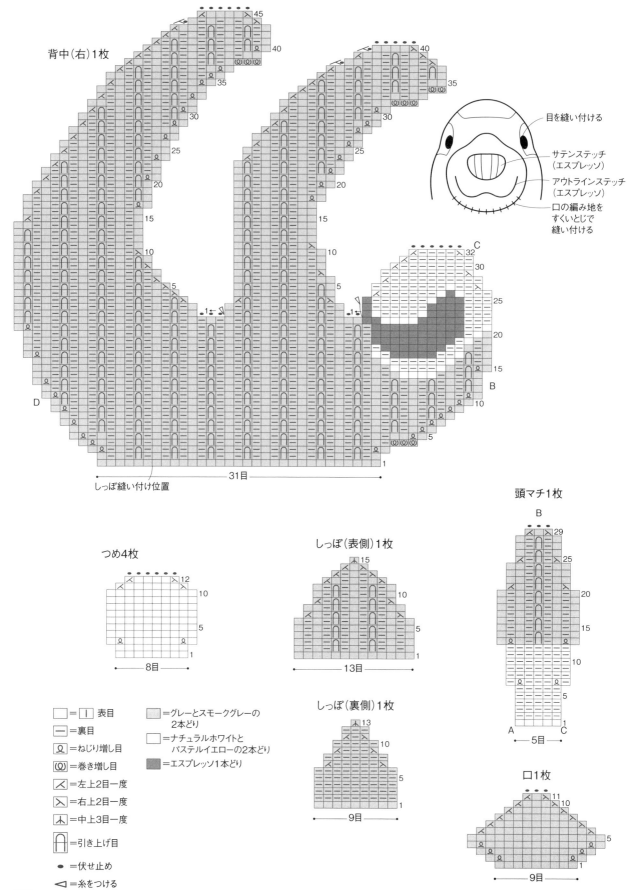

背中(右)1枚

45
40
35
30
25
20
15
10
5
1

40
35
30
25
20
15
10
5

C
32
30
25
20
15
10
B
5

D

31目

しっぽ縫い付け位置

目を縫い付ける

サテンステッチ
（エスプレッソ）

アウトラインステッチ
（エスプレッソ）

口の編み地を
すくいとじで
縫い付ける

つめ4枚

12
10
5
1

8目

しっぽ（表側）1枚

15
10
5
1

13目

しっぽ（裏側）1枚

13
10
5
1

9目

頭マチ1枚

B
29
25
20
15
10
5
1
A C

5目

口1枚

11
10
5
1

9目

□=｜ 表目
－=裏目
Ω=ねじり増し目
(Ω)=巻き増し目
⟋=左上2目一度
⟍=右上2目一度
⋏=中上3目一度
∩=引き上げ目

●=伏せ止め
◁=糸をつける

=グレーとスモークグレーの
2本どり
=ナチュラルホワイトと
パステルイエローの2本どり
=エスプレッソ1本どり

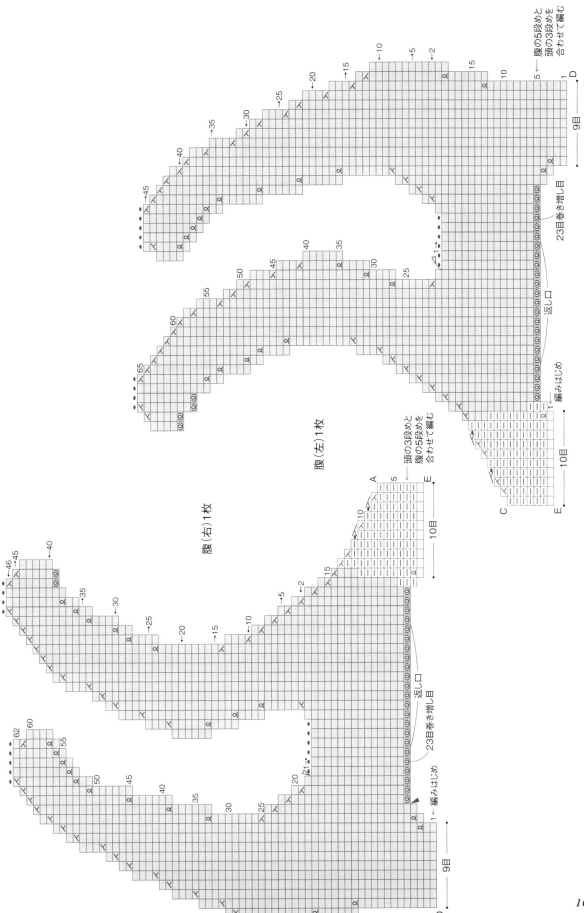

腹（左）1枚

腹（右）1枚

返し口

編みはじめ

23目巻き増し目

頭の3段めと
腹の5段めを
合わせて編む

腹の5段めと
頭の3段めを
合わせて編む

p.33 シロテナガザル

糸

ホワイトベージュ（120）31g、白（304）2g、
エスプレッソ（970）2g、
〔長谷川商店〕SEIKA（極細モヘア）エクリュ（2）6g

用具

3号棒針、2/0号かぎ針、ぬいぐるみ用針、縫い針

その他

つぶわた43g（ボディ・腕・脚36g、頭7g）
ペレット80粒（手足20粒×4）
コミックアイ9mm 2個
5番刺しゅう糸（838、茶）

ゲージ

模様編み　30目×36段
メリヤス編み　24目×38段

できあがり寸法

幅34×高さ41cm

作り方

1. 糸は指定の糸、本数で15枚の編み地を作る。頭に顔の編み地を縫い付ける。

2. 腹と背中、頭2枚はそれぞれ中表に合わせ、返し口を残して引き抜きとじにする。腕と脚は中表の縦半分に折って脇をとじる（上下はあけておく）。表に返す。

3. パーツをフェルティングして乾かす。

4. 顔に目を差して裏側からストッパーで固定する。顔まわり、まゆげ、鼻、口を刺しゅうし、わたをつめて返し口をぐし縫いして糸を引き、ボディに縫い付ける。

5. ボディにわたをつめて返し口をコの字とじにする。腕と脚はそれぞれ太い方をボディに縫い付け、下からわたを詰める。手足にペレットと少量のわたをつめ、腕と脚にそれぞれ縫い付ける。手足にそれぞれ刺しゅうする。耳の周囲をぐし縫いして糸を引き、頭に縫い付ける。指定の位置を起毛させる。

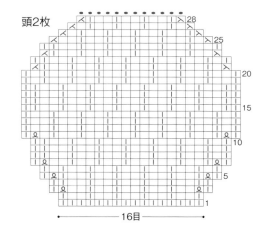

頭2枚

16目

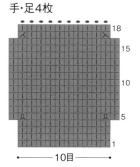

手・足4枚

10目

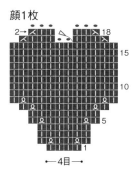

顔1枚

4目

耳2枚

5目

＝表目	
＝裏目	
＝ねじり増し目	
＝左上2目一度	
＝右上2目一度	

＝ホワイトベージュと
エクリュの2本どり

＝白とエクリュの2本どり

＝白の1本どり

＝エスプレッソ1本どり

背中1枚

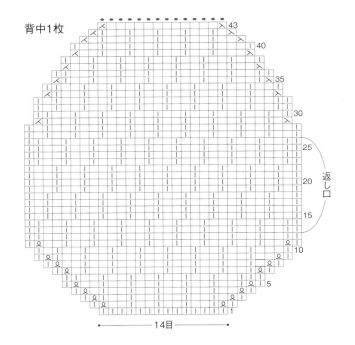

43
40
35
30
25
20
15
10
5
1

返し口

14目

腹1枚

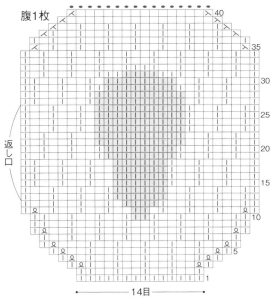

40
35
30
25
20
15
10
5
1

返し口

14目

腕・脚4枚

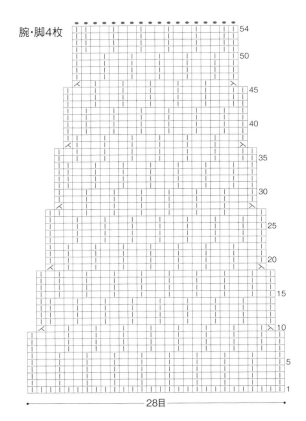

54
50
45
40
35
30
25
20
15
10
5
1

28目

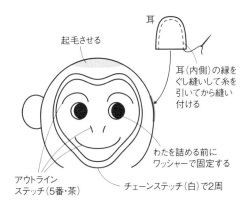

起毛させる

耳

耳(内側)の縁を
ぐし縫いして糸を
引いてから縫い
付ける

アウトライン
ステッチ(5番・茶)

わたを詰める前に
ワッシャーで固定する

チェーンステッチ(白)で2周

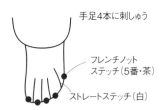

手足4本に刺しゅう

フレンチノット
ステッチ(5番・茶)

ストレートステッチ(白)

p.34 ゾウ

糸
ブルーグレー（630）35g、黒（999）少量

用具
3号棒針、2/0号かぎ針、4/0号かぎ針、
ぬいぐるみ用針、縫い針

その他
つぶわた 25g
ペレット 80g（足20g×4）
プラスチックアイ 9mm 2個
カットフェルト（水色）
ボタン付け糸
縫い糸（水色）

ゲージ
模様編み 28目×40段
メリヤス編み 26目×36段

できあがり寸法
幅21×高さ14×奥行8.5cm

作り方
1. 糸はブルーグレーの1本どりで8枚の編み地を作り、側面のダーツを縫い、スチームアイロンをかける。フェルトは切る。
2. 側面を中表に合わせて返し口を残してA～Bを引き抜きとじにする。腹と中表に合わせてC～B～Dをとじる（足先はあけておく）。頭を中表に合わせて周囲をとじる（鼻は頭と腹を合わせて編む）。耳は表目側と裏目側を合わせ、返し口を残してとじる。表に返す。
3. パーツはフェルティングし、フェルトはもみ洗いして乾かす。
4. 足先に足裏のフェルトを縫い付ける。足先にペレットを入れ、わたを詰める。返し口をコの字とじにする。腹のダーツを縫う。
5. 目の位置をボタン付け糸でへこませてから目を縫い付け、目の周り、口を刺しゅうする。耳を縫い付け、しっぽを作って縫い付ける。

頭1枚

A

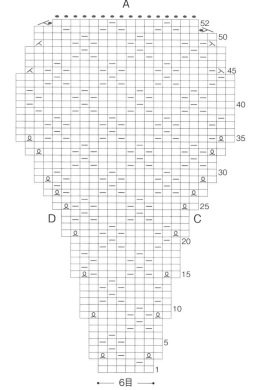

D　C

←6目→

左耳2枚

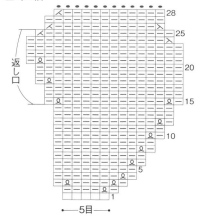

返し口

←5目→

右耳2枚

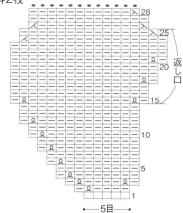

返し口

←5目→

しっぽ
（ブルーグレー2本どり／4/0号かぎ針）

編みはじめ→
（作り目12目）

編みはじめと編み終わりの糸端を
約2cm残し、糸先をほどく

□＝[|]＝表目
―＝裏目
[Q]＝巻き増し目
[Ω]＝ねじり増し目
[左]＝左上2目一度
[右]＝右上2目一度
◁＝糸をつける
◀＝糸をつける
●＝伏せ止め

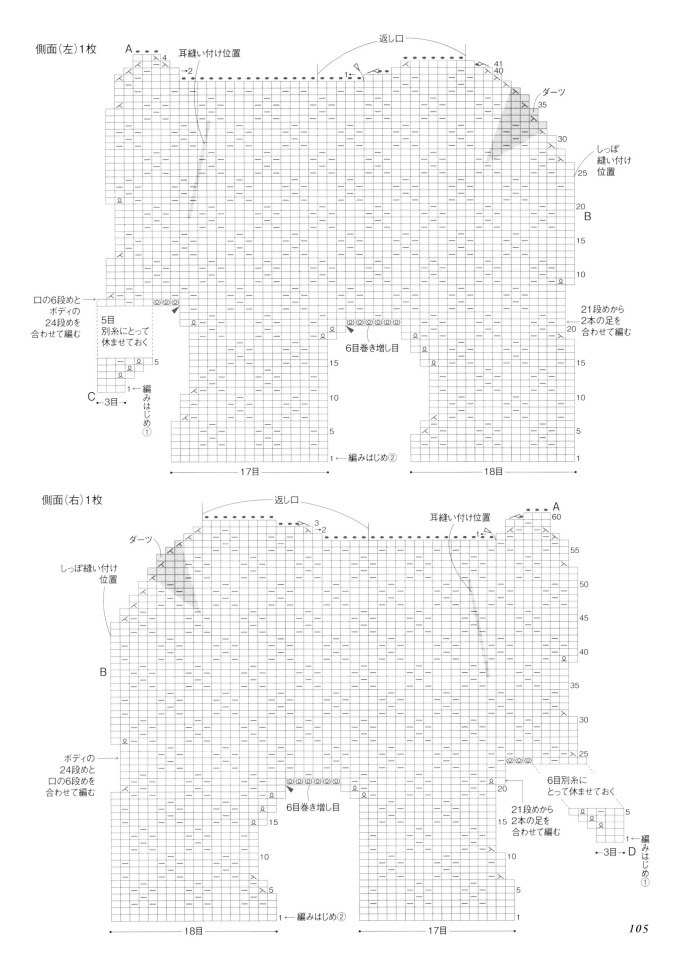

側面(左)1枚

A

4

耳縫い付け位置

→2

返し口

1←

41
40

ダーツ

35

30

しっぽ
縫い付け
位置

25

20

B

15

10

口の6段めと
ボディの
24段めを
合わせて編む

5目
別糸にとって
休ませておく

6目巻き増し目

21段めから
←2本の足を
20 合わせて編む

15

10

5

C ←3目→

1 ← 編みはじめ①

5

15

10

5

1 ← 編みはじめ②

17目

18目

側面(右)1枚

返し口

3
→2

耳縫い付け位置

A

60

ダーツ

1←

55

しっぽ縫い付け
位置

50

45

B

40

35

30

25

ボディの
24段めと
口の6段めを
合わせて編む

6目巻き増し目

21段めから
2本の足を
15 合わせて編む

6目別糸に
とって休ませておく

20

5

1 ← 編みはじめ①

D

←3目→

10

5

1 ← 編みはじめ②

18目

17目

10

5

1

腹1枚

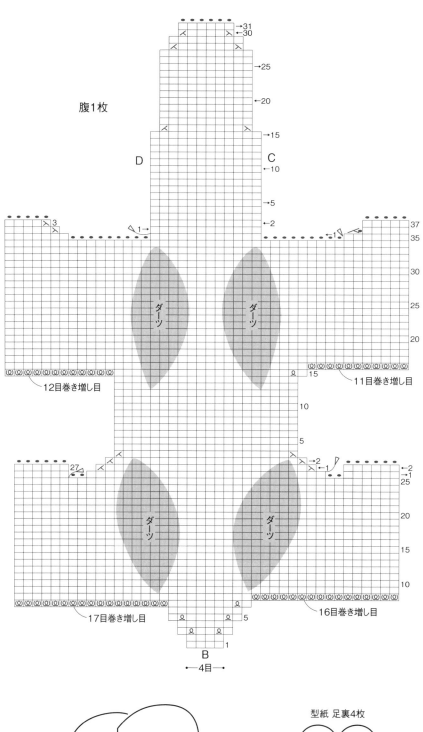

→31
←30

→25

←20

D   C

→15

←10

→5

←2

1→   37   ←1
                      35
3   ←1

30

ダーツ   ダーツ

25

20

12目巻き増し目   15   11目巻き増し目

10

5

27   ←2
                                            →1
                                            25

ダーツ   ダーツ

20

15

17目巻き増し目   16目巻き増し目   10

5

B
←4目→

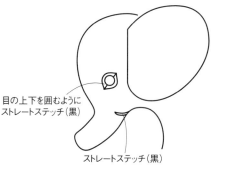

目の上下を囲むように
ストレートステッチ（黒）

ストレートステッチ（黒）

型紙 足裏4枚

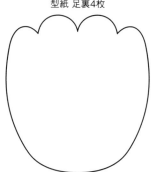

p.35 シマウマ

糸
黒（999）12g、白（304）13g

用具
3号棒針、2/0号かぎ針、ぬいぐるみ用針、縫い針

その他
つぶわた15g
ペレット20g（足5g×4）
プラスチックアイ8mm 2個
ボタン付け糸
地巻きワイヤー（#24）

ゲージ
30目×32段

できあがり寸法
幅20×高さ15×奥行5.5cm

作り方
1. 糸は1本どりで9枚の編み地を作り、頭マチのダーツを縫い、スチームアイロンをかける。
2. 側面を中表に合わせてA～Bを引き抜きとじにし、頭マチを中表に合わせてCまでそれぞれとじる。そのまま返し口を残してDまでとじる。腹と中表に合わせて周囲をとじる。表に返して鼻の編み地を縫い付ける。耳は中表に合わせて返し口を残してとじる。表に返す。
3. パーツをフェルティングして乾かす。
4. 足先にペレットを入れ、ワイヤーを入れてわたを詰める。返し口をコの字とじにする。腹のダーツを縫う。
5. 目の位置をボタン付け糸でへこませてから目を縫い付け、目の周り、鼻、口を刺しゅうする。耳に刺しゅうして返し口を巻きかがりでとじ、ボディに縫い付ける。たてがみとしっぽを作り（P.47参照）、縫い付ける。

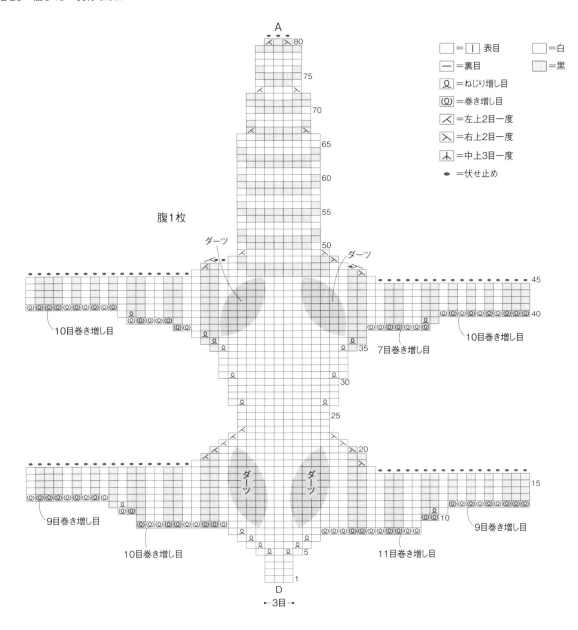

記号説明:
□ = |目 表目　　□ = 白
― = 裏目　　■ = 黒
Ω = ねじり増し目
⦵ = 巻き増し目
⋋ = 左上2目一度
⋌ = 右上2目一度
⋏ = 中上3目一度
● = 伏せ止め

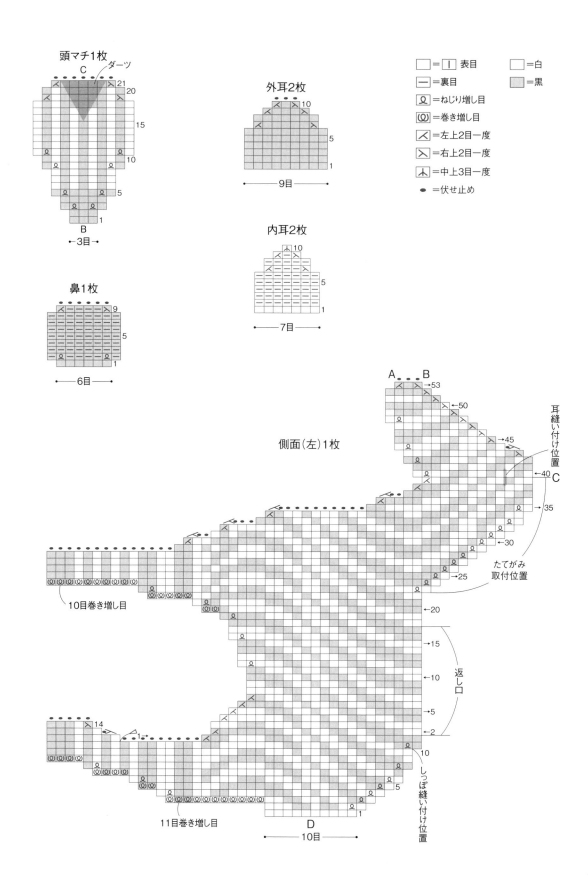

頭マチ1枚
ダーツ
C
21
20
15
10
5
1
B
←3目→

外耳2枚
10
5
1
←9目→

内耳2枚
10
5
1
←7目→

鼻1枚
9
5
1
←6目→

□ = Ⅰ 表目　　□ = 白
― = 裏目　　■ = 黒
[Ω] = ねじり増し目
[Q] = 巻き増し目
[ｽ] = 左上2目一度
[ﾒ] = 右上2目一度
[木] = 中上3目一度
● = 伏せ止め

側面(左)1枚

A　　B
→53
→50
→45
→40 C
→35
→30
→25
←20
→15
←10
→5
←2
10
5
1

耳縫い付け位置
たてがみ取付位置
返し口
しっぽ縫い付け位置

10目巻き増し目

11目巻き増し目
14
1
D
←10目→